[집필진] Authors

조윤경 Jo Yun-gyeong
現) 부산외국어대학교 조교수
前) 신라대학교 전임강의교원

김장식 Kim Jang-sik
現) 부산외국어대학교 글로벌한국학전공 강사
前) 파라과이 Instituto Superior de Educación "Dr. Raúl Peña"(국립교원대학교)
　　한국국제교류재단 객원교수

류승의 Ryu Seung-eui
現) 부산 동명대학교 학부교양대학 및 한국어학당 강사
前) 중국 浙江旅游职业学院 한국어학과 원어민 강사

 랑스코리아 (영어)
www.langskorea.co.kr

 랑스코리아 (일본어)
www.langskorea.com

랑스코리아(langs Korea)는 랑스 주식회사의 한국어 교육 및 한국어교재 출판 전문 브랜드입니다.
홈페이지 및 유튜브 채널을 통해서 본 교재의 MP3 파일을 다운로드 및 재생하실 수 있으며,
더욱 다양한 한국어 교육 관련 자료를 보실 수 있습니다.

재미있는 대학생활을 위한
교양 한국어
Korean Language for Liberal Arts

2

langs Korea

머리말

　　이 교재는 한국 대학에 진학하거나 이미 진학한 외국인 유학생의 교양 한국어 수업을 위한 교재로 기획된 교재입니다. 한국 대학에 진한학 초급 학습자들이 학교생활을 하며 겪게 될 다양한 상황에서 의사소통하고 수행해야 할 상황에 필요한 한국어 능력을 기르도록 하는 데 목적이 있습니다. 이와 관련하여 이 교재는 다음과 같은 특징을 가집니다.

　　첫째, 각 단원의 주제를 대학 생활에 맞추어 선정하였습니다. 대학 생활에서 꼭 필요한 주제로 선정하여 흥미와 동기를 유발하고 자연스럽게 반복 가능한 언어 학습이 되게 하였습니다. 도입 자료에서 나타난 주제나 교육 내용을 어휘와 문법, 그리고 활동을 통해서 다시 이야기하여 내재화할 수 있도록 하였습니다.

　　둘째, 듣기를 제외한 말하기, 쓰기, 읽기 과제 수행에 초점을 둔 부분 통합형으로 구성하였습니다. 통합형 교재의 단점인 단순 반복 연습을 줄이고 난이도별로 순서를 배열하기보다는 빈도별로 순서를 정하여 대학 생활에서 자주 만나는 상황을 연습할 수 있도록 하였습니다.

　　셋째, 교재의 활용 측면에서 강의의 주차와 시간을 고려하였습니다. 한국어 수업 시간 동안 학습자는 한 권의 교재를 마침으로 한국어에 대한 자신감을 느끼게 하는 것이 중요하다고 생각했습니다. 일반적으로 국내 대학의 경우 주당 3시간이 가장 많으며 한 학기가 평가 시간 제외 15주임을 고려하였습니다. 따라서 수업 속도가 각 단원의 활동이 적절한 속도로 진행되게끔 설계하였습니다.

　　이 책을 통하여 한국어를 습득하고자 하고 한국어에 대한 이해를 높이고자 하는 모든 유학생이 한국어와 한국의 문화를 더 사랑하게 되기를 바랍니다. 아울러 이 책을 편집하고 디자인해 주신 출판 관계자분들께도 감사한 마음을 전합니다.

2024년 8월 저자 일동

Perface

This textbook is designed for liberal arts Korean language classes for international students who are either preparing to enter or have already enrolled in Korean universities. This textbook aims to cultivate the Korean language skills necessary for communication and various situations that beginner-level learners entering Korean universities may encounter in their school life. In relation to this, the textbook has the following features:

First, the topics for each chapter were selected to align with university life. By choosing topics essentials to university life, we aimed to stimulate interest and motivation, allowing natural and repeatable language learning. The topics and educational content introduced in the introductory page were reintroduced through vocabulary, grammar, and activities to allow internalization.

Second, except listening, the curriculum was designed as an intergrated approach, focusing on tasks related to speaking, writing, and reading. We aimed to reduce simple repetitive exercises, which is the drawback of integrated textbook, and organized the sequence based on frequency rather than difficulty, allowing practice of situations commonly encountered in university life.

Third, in terms of textbook utilization, consideration was gives to the weeks and hours of the lectures. It is deemed important for learners to complete one textbook during Korean language class time to improve confidence in their Korean proficiency. Typically, univerisities in Korea have a maximum of 3 hours a week, with a semester lasting 15 weeks excluding evaluation periods. Therefore, the class pace was designed to ensurede that each unit's activities progress at an appropriate speed.

Through this book, we hope that all international students who wish to learn Korean through this book and enhance their understanding of the Korean language will love both Korean language and culture even more. In addition, we would like to express our gratitude to the publishing officials for editing and designing this book.

Authors, August 2024

일러두기
How to use this book

<교양 한국어2>는 한국어 초급 이상 수준으로 한국 대학 생활을 준비하거나 진학한 학습자를 위한 교재이다. 본 교재의 가장 큰 특징은 일상 및 대학 생활에서 자주 사용하는 어휘 및 문법의 쓰임을 익히고 다양한 말하기 상황에서 활용할 수 있게끔 집필하였다는 점이다. 한국 일상생활과 대학에서 자주 접하는 주제를 통하여 어휘와 문법, 언어 기능을 익히고 연습할 수 있도록 하였다. 한 과는 대화, 어휘, 어휘 연습, 문법 표현, 연습 문제, 읽기, 말하기, 쓰기로 구성되어 있다. 학습자들의 이해를 돕기 위해 지시문, 어휘, 문법 설명 등을 영어로 번역하여 제공하였다.

<교양 한국어2> is a textbook designed for learners who are beginning to study Korean or preparing to study in Korea. The most notable feature of this textbook is that it is written to familiarize students with the use of vocabulary and grammar commonly used in daily life and university settings. The textbook consists of 15 units. Units 1-2 cover the background and characteristics of Hangeul, consonants and vowels, greetings and expressions used commonly in the classroom. In units 3-15, students can practice and understand vocabulary, grammar, and language functions through topics frequently encountered in both university and daily life in Korea. Each chapter consists of conversation, vocabulary, vocabulary exercises, grammar expressions, practice questions, reading, speaking, and writing sections. Instructions, vocabulary, and grammar explanations are provided in English for beginners. Each chapter is designed to fit into a 2-4-hour class to accommodate the learning schedule.

- **제목 및 들어가기** Title and Introduction

각 과의 제목과 제목 관련 삽화를 통해 주제를 추측할 수 있다. 학습 목표, 주제, 사용 어휘, 사용 문법을 명시적으로 제시하였다. 들어가기에서 질문을 통해 각 과에서 학습해야 할 주요 내용을 자연스럽게 추측하고 접할 수 있도록 하였다.

Students are able to guess the topic through the title of each chapter and the illustrations related to the title. Learning objectives, topics, vocabulary, and grammar used in each subject are explicitly provided. In the introduction, questions were posed to naturally prompt students to speculate on and anticipate the key content they would encounter in each chapter.

- **대화 1, 2** Dialogue 1, 2

각 과의 주제에 따른 어휘와 문법 표현을 사용하여 대화문을 구성하였다. 다양한 대화 상황을 자연스럽게 이해하고 익히도록 하였다.

A dialogue using vocabulary and grammatical expressions related to the topics of each subject was constructed to help students naturally understand and become familiar with various conversational situations.

- **어휘 1, 2** Vocabulary 1, 2

대화 1, 2에서 사용한 주제와 관련된 어휘를 확장 제시하였다. 어휘를 영어로 번역하여 빠르고 쉽게 이해하도록 하였다.

Topics and vocabulary used in Conversation 1 and 2 are expanded. English translations of the vocabularies are provided to encourage quick and easy understanding.

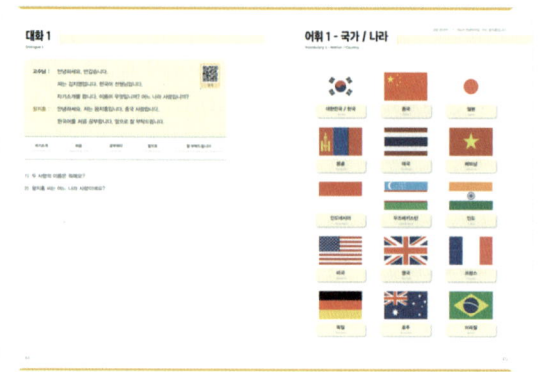

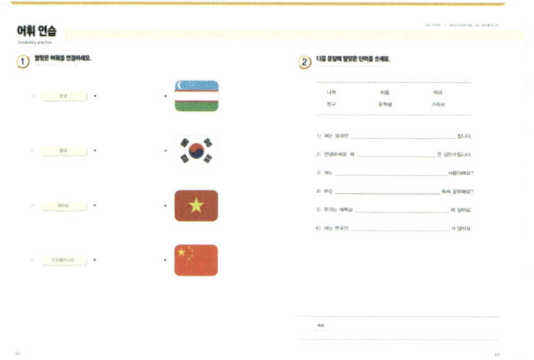

- **어휘 연습** Vocabulary practice

  어휘1, 2에서 학습한 어휘를 뜻 찾기, 문장 완성하기 등을 통해서 확인하고 연습할 수 있도록 하였다.

  The vocabulary learned in Vocabulary 1 and 2 are practiced through exercises such as finding meanings and completing the sentences.

- **문법 표현1, 2** Grammar expression 1, 2

  초급, 중급 문법에서 빈도별, 활용도 등을 고려하여 주제에 맞는 문법 표현을 제시하였다. 대화1, 2에서 노출된 문법 표현을 쉽게 익히고 이해하도록 설명과 예문, 형태 교체 연습을 제시하였다. 쉽게 이해할 수 있도록 영어 번역을 같이 제시하였다.

  Relevant grammatical expressions were presented for each topic while considering the frequency and practicality of beginner-level grammar. Explanations, example sentences, and practice exercises were provided in Conversations 1 and 2 to help students easily learn and understand the grammatical expressions introduced. English translations were also provided for better comprehension.

- **연습 문제** Practice questions

  제시한 문법 표현을 문장 완성하기, 대답하기 등의 형식으로 열린 응답이 가능하게 하였다.

  The presented grammatical expressions were structured to allow open-answers in the form of completing the sentence, answering, etc.

- **읽기** Reading

  각 과에서 학습한 주제와 어휘, 문법 표현을 활용한 다양한 읽기 자료를 제공하였다. 전형적인 읽기 문형과 문제, 대화형 문형과 문제를 통해 다른 언어 기능으로 통합, 확장할 수 있도록 하였다.

  Various reading materials are provided using topics vocabulary, and grammatical expressions learned in each topic. This was done through typical reading structure and questions, as well as interactive formats, allowing students to integrate and expand their language skills through different linguistic functions.

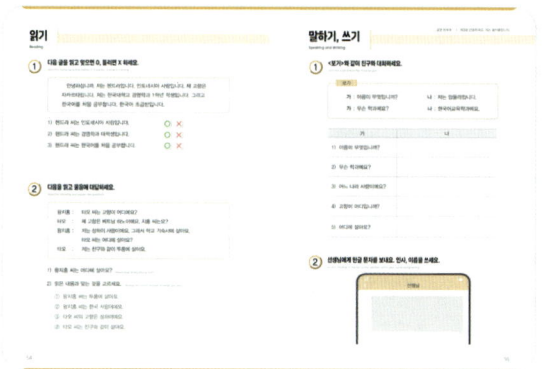

- **말하기, 쓰기** Speaking and Writing

  각 과에서 학습한 주제와 어휘, 문법 표현을 활용한 말하기, 쓰기 활동이다. <보기>를 제시하여 학습자가 질문에 대답할 수 있는 유의미한 열린 활동을 제공하였다.

  Speaking and writing activities using topics, vocabulary, and grammatical expressions learned in each unit. Example is provided to allow the students to have meaningful, open activities.

목차
Table of Contents

일러두기 How to use this book ………… 8

교재구성표 Book Structure Table ………… 12

제1과 Unit 1 방학 동안 고향에 다녀왔어요. ………… 15
Visiting hometown during vacation.

제2과 Unit 2 모두 개강총회에 참석해 주세요. ………… 29
Please, attend the opening semester meeting for all depardeparts.

제3과 Unit 3 저는 사진 찍는 것을 좋아해요. ………… 43
I like taking pictures.

제4과 Unit 4 학교 근처 원룸으로 이사하려고 해요. ………… 57
Planning to move to one room apartment near the university.

제5과 Unit 5 아르바이트를 한 적이 있어요. ………… 71
Doing part-time job.

제6과 Unit 6 수영을 배운 지 3개월이 되었어요. ………… 85
It took me 3 months to learn how to swim.

제7과 Unit 7 체육 대회에 선수로 참가하기로 했어요. ………… 99
I decided to participate in sports competition as an athlete.

제8과 Unit 8 콧물이 나고 열이 나요. ………… 113
I have a runny nose and fever.

제9과 Unit 9	우리 조 모임 역할을 정해요. 127
	Decide on your group role.

제10과 Unit 10	다음 주까지 과제를 제출하세요. 141
	Submit the assignment until the next week.

제11과 Unit 11	통장을 만들고 싶어요. 155
	I want to make a bank book.

제12과 Unit 12	'좋아요'를 눌러 주세요. 169
	Please, click 'like'.

제13과 Unit 13	교수님, 상담할 게 있습니다. 183
	Professor, I have something to discuss.

제14과 Unit 14	대학원을 가게 되었어요. 197
	I went to graduate school.

제15과 Unit 15	면접 경험이 없어서 걱정이에요. 211
	I'm worried because I don't have interview experience.

부록 Appendix	모범 답안 Model answer ································ 224
	색인 Index ································ 234
	출처 표기 Mark the Source ································ 242

교재구성표
Book Structure Table

	단원 제목 Unit title	주제 Topic	대화 1 Dialogue 1 어휘 1 Vocabulary 1	대화 2 Dialogue 2 어휘 2 Vocabulary 2
1과	방학 동안 고향에 다녀왔어요.	방학 생활, 고향 소개	방학 생활 소개 동사	고향 소개 형용사
2과	모두 개강총회에 참석해 주세요.	새 학기 생활	개강 총회 안내 새 학기 학과 행사	수업 변경하기 수강 정정
3과	저는 사진 찍는 것을 좋아해요.	취미 활동	좋아하는 운동 스포츠	동아리 가입 취미
4과	학교 근처 원룸으로 이사하려고 해요.	집 구하기	원룸 구하기 집	집들이 이사와 집들이
5과	아르바이트를 한 적이 있어요.	아르바이트	살고 싶은 집 쓰고 말하기	근로 장학생 아르바이트 종류
6과	수영을 배운 지 3개월이 되었어요.	자기 개발	문화 센터 등록 수강	운전 면허 자격증
7과	체육 대회에 선수로 참가하기로 했어요.	학교 행사	체육 대회 참가 체육 대회	학교 축제 축제
8과	콧물이 나고 열이 나요.	병원, 보험	병원 진료 증상	병원비 결제 병원과 보험
9과	우리 조 모임 역할을 정해요.	발표	조 모임 활동 안내 조 모임	수업 발표 발표
10과	다음 주까지 과제를 제출하세요.	과제 제출	보고서 제출 안내 보고서	설문 조사 성적
11과	통장을 만들고 싶어요.	공공기관 업무	통장 만들기 은행	체류지 변경 신고 주민센터
12과	'좋아요'를 눌러 주세요.	인터넷 문화	SNS 시작하기 인터넷 문화	SNS 활동 SNS
13과	교수님, 상담할 게 있습니다.	상담하기	상담 신청 상담	취업 추천서 부탁
14과	대학원을 가게 되었어요.	진로	진로 계획 작성 졸업	졸업 후 진로 취직, 취업
15과	면접 경험이 없어서 걱정이에요.	면접	면접 준비 면접	추천서 인턴쉽, 추천서

문법 표현 1 Grammar expression 1 연습 문제 Practice questions	문법 표현 2 Grammar expression 2 연습 문제 Practice questions	읽기 Reading	말하기, 쓰기 Speaking and Writing
-보다	-(으)ㄴ/는	방학과 여행 경험 글 읽고 이해하기	고향 소개 긴 글 쓰기
-(으)세요	-아/어/여 주세요	수강 정정 안내, 개강총회 글 읽고 이해하기	시간표 짜기 학기 계획 쓰기
-는 것	-고 있어요	취미와 동아리 글 읽고 이해하기	동아리 회원 모집 포스터 만들기
-(으)면서	-(으)려고 해요	룸메이트, 이사 글 읽고 이해하기	살고 싶은 집 쓰고 말하기
-(으)ㄴ 적이 있어요/없어요	-(으)ㄹ 줄 알아요/몰라요	아르바이트 경험, 면접 글 읽고 이해하기	하고 싶은 아르바이트 쓰고 말하기
-는 동안	-(으)ㄴ 지	문화센터 모집, 시험 신청 글 읽고 이해하기	문화센터 프로그램 쓰고 말하기
-(으)ㄹ 뿐만 아니라	-기로 해요/했어요	한국축제 참가, 말하기대회 글 읽고 이해하기	자기 나라 축제 소개 쓰고 말하기
-도록	-아/어/여 놓아요	독감 예방, 진료 받기 글 읽고 이해하기	건강 자가 진단 쓰고 말하기
-자마자	-(으)ㄹ 테니까	발표, 공모전 글 읽고 이해하기	발표 개요 작성 쓰고 말하기
-(으)ㄹ 수밖에 없어요	-는 바람에	졸업 후 진로, 논문 준비 글 읽고 이해하기	통계 자료 쓰고 말하기
-(으)려면	-다가	학생 상담실, 비자 연장 글 읽고 이해하기	비자 통합 신청서 쓰고 말하기
-(으)ㄴ/는 척해요	-았/었/였더니	SNS 통계, K-웹툰 글 읽고 이해하기	SNS 소개 쓰고 말하기
-(으)ㄹ 때	-아/어/여도 돼요	과제, 부탁하기 글 읽고 이해하기	고민 해결 방법 쓰고 말하기
-(으)ㄹ 만해요	-게 되었어요	대학원 입학 글 읽고 이해하기	대학원 공부 계획 쓰고 말하기
-아/어/여졌어요	-기 위해서	자기소개서 글 읽고 이해하기	면접 질문지 작성 쓰고 말하기

제1과
Unit 1

방학 동안 고향에 다녀왔어요.

Visiting hometown during vacation.

들어가기
Introduction

1. 여러분의 고향은 어디예요?
   Where are you from?

2. 방학 동안 무엇을 했어요?
   What did you do during vacation time?

학습 목표 Learning objectives	방학에 한 일에 대해 묻고 대답할 수 있다.
주제 Topic	방학 생활, 고향 소개
사용 어휘 Vocabulary used	동사, 형용사
사용 문법 Grammar used	-보다, -(으)ㄴ/는

대화 1
Dialogue 1

왕지홍 : 헨드라 씨, 오랜만이에요. 방학 잘 보냈어요? 뭐 했어요?

헨드라 : 저는 한국에 있었어요.

중요한 시험이 있어서 방학 동안 계속 공부했어요.

왕지홍 : 공부 때문에 힘들었겠어요. 시험은 잘 봤어요?

헨드라 : 네, 다행히 시험 결과가 좋아요. 지홍 씨는 방학 동안 뭐 했어요?

왕지홍 : 저는 고향에 다녀왔어요.

오랜만에 가족과 친구들을 만나고 고향 음식도 많이 먹었어요.

고향	동안	다행히	중요하다
hometown	during	luckily	important
다녀오다	오랜만이다		
go and come back	being after a long time		

1) 헨드라 씨는 방학 동안 무엇을 했어요?

2) 왕지홍 씨는 방학 동안 어디에 다녀왔어요?

3) 왕지홍 씨는 고향에서 무엇을 했어요?

어휘 1 - 동사
Vocabulary 1 - Verb

들다
to carry

잡다
to catch

켜다
to turn on

끄다
to turn off

찾다
to find

빌리다
to borrow

시작하다
to start

끝내다
to finish

소개하다
to introduce

이해하다
to understand

예약하다
make a reservation

예매하다
to purchase in advance

약속하다
to promise

걱정하다
to worry

대화 2
Dialogue 2

선생님 : 타오 씨는 방학 동안 고향에 다녀왔지요? 고향은 어때요?

타오 씨의 고향을 소개해 주세요.

타오 : 제 고향은 베트남 하노이입니다. 하노이는 베트남의 수도이고

큰 도시입니다. 한국보다 남쪽에 있어서 겨울에도 춥지 않고 따뜻합니다.

하노이는 역사 유적지, 박물관 등이 많습니다. 또 아름다운 호수도 있습니다.

하노이	수도	남쪽	호수
Hanoi	capital	south	lake
역사 유적지	따뜻하다		
historic site	warm		

---

1) 타오 씨의 고향은 어디예요?

2) 타오 씨의 고향은 겨울 날씨가 어때요?

3) 타오 씨의 고향에는 무엇이 있어요?

어휘 2 - 형용사
Vocabulary 2 - Adjective

쉽다
to be easy

어렵다
to be difficult

필요하다
to need

불필요하다
unnecessary

간단하다
simple

복잡하다
complicated

다양하다
various

편하다
comfortable

피곤하다
tired

심심하다
boring

유명하다
famous

깨끗하다
clean

비슷하다
similar

친절하다
kind

어휘 연습
Vocabulary practice

1 알맞은 어휘를 연결하세요.
Match the correct vocabulary.

1) 고향 • • south

2) 남쪽 • • to travel

3) 여행하다 • • warm

4) 중요하다 • • being after a long time

5) 따뜻하다 • • important

6) 오랜만이다 • • hometown

다음 문장에 알맞은 단어를 쓰세요.
Write the appropriate word for the following sentences.

| 수도 | 다행히 | 빌리다 |
| 시작하다 | 유명하다 | 역사 유적지 |

1) 서울은 대한민국의 _____ 입니다.

2) 1교시 수업은 오전 9시에 _____.

3) 오늘 도서관에 가서 책을 _____려고 해요.

4) 제주도는 아름다운 자연환경으로 _____.

5) 경주는 신라 시대 _____ 가 많은 곳입니다.

6) 친구가 공부를 도와줘서 _____ 시험을 잘 봤어요.

문법 표현 1
Grammar expression 1

보다

| 비교가 되는 명사 뒤에 붙어서 다른 명사와 비교되는 것을 표현한다.
Attach the comparable noun.

- 오늘 1°C, 어제 7°C → 오늘은 어제**보다** 추워요.
  고양이 > 개 → 저는 개**보다** 고양이를 **더** 좋아해요.
  김치찌개 > 순두부찌개 → 이 식당은 김치찌개가 순두부찌개**보다 더** 맛있어요.

★ '보다 더' 표현을 사용하기도 한다.
'보다 더' - 'more than' can also be used.

	보다 더
비행기 > 기차, 빠르다	
축구공 > 야구공, 크다	
제주도 > 서울, 덥다	
노트북 > 휴대폰, 비싸다	
드라마 > 뉴스, 재미있다	

교양 한국어 | 제1과 방학 동안 고향에 다녀왔어요.

<보기>와 같이 질문에 대답하세요.
Answer the questions as shown in <보기>.

> **보기**
>
> 가 : 축구, 농구 중에서 무엇을 더 좋아해요?
>
> 나 : <u>저는 축구보다 농구를 더 좋아해요</u>.

1) 가 : 검은색과 흰색 중에서 무슨 색깔을 더 좋아해요?

   나 : _____.

2) 가 : 커피와 주스 중에서 무엇을 더 자주 마셔요?

   나 : _____.

3) 가 : 오늘 날씨는 어제보다 어때요?

   나 : _____.

4) 가 : 여러분 나라는 한국보다 무엇이 _____?

   나 : _____.

23

문법 표현 2
Grammar expression 2

-(으)ㄴ/는

1. 동사, 형용사 뒤에 붙어서 뒤 명사를 꾸며 주고 상태를 나타낸다.
   Attaching verb or adjective makes noun more sophisticated.

   - 동사

     과거 → 먹다 + -은 + 음식 = 먹은 음식   → 가다 + -ㄴ + 사람 = 간 사람

     현재 → 먹다 + -는 + 음식 = 먹는 음식   → 가다 + -는 + 사람 = 가는 사람

     미래 → 먹다 + -을 + 음식 = 먹을 음식   → 가다 + -ㄹ + 사람 = 갈 사람

     예) 제가 어제 먹은 음식은 비빔밥이에요.
        어제 학교에 간 사람은 미나 씨예요.
        제가 지금 보는 영화는 재미있어요.
        내일 공부할 내용을 지금 보고 있어요.

   - 형용사

     → 좋다 + -은 + 사람 = 좋은 사람   → 길다 + -ㄴ + 머리 = 긴 머리

     → 맵다 + -ㄴ + 음식 = 매운 음식   → 예쁘다 + -ㄴ + 옷 = 예쁜 옷

     예) 친구는 키가 큰 사람이에요.
        저는 더운 날씨를 싫어해요.

	-은		-ㄴ		-는
작다 + 공		싸다 + 사과		읽다 + 책	
찍다 + 사진		예쁘다 + 꽃		마시다 + 커피	
*덥다 + 날씨		슬프다 + 영화		듣다 + 노래	
*길다 + 머리		편하다 + 의자		맛있다 + 음식	
*듣다 + 음악		유명하다 + 식당		*살다 + 곳	

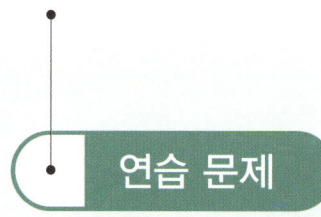

연습 문제

<보기>와 같이 문장을 완성하세요.
Complete the sentences as shown in <보기>.

보기

어제 (보다 → <u>본</u>) 영화가 재미있었어요.

1) (크다 → _____) 공을 선물 받았어요.

2) (맛있다 → _____) 비빔밥을 먹고 있어요.

3) 저는 (좋아하다 → _____) 사람이 있어요.

4) 부산은 바다가 (아름답다 → _____) 곳이에요.

5) 이것은 제가 어제 (입다 → _____) 옷이에요.

6) 내일 생일 파티에서 (먹다 → _____) 케이크를 샀어요.

읽기

Reading

 다음 글을 읽고 맞으면 O, 틀리면 X 하세요.
Read the following article choose O if correct, choose X if wrong.

> 저는 여름 방학을 고향에서 보내고 오늘 학교에 왔습니다. 친구들과 오랜만에 만나서 방학 생활을 이야기했습니다. 헨드라 씨는 시험 공부를 했고, 지영 씨는 커피숍에서 아르바이트를 했습니다. 그리고 타오 씨도 저처럼 고향에 다녀왔습니다. 우리 모두 즐거운 방학을 보냈습니다.

1) 지영 씨는 커피숍에서 일했습니다.　　O　X

2) 헨드라 씨는 방학 동안 공부를 했습니다.　　O　X

3) 타오 씨는 방학 동안 고향에 가지 못했습니다.　　O　X

 다음을 읽고 물음에 대답하세요.
Read the following and answer the questions.

> 지영　：　방학이 끝나고 내일 개강이에요. 방학 잘 보냈어요?
> 마지덥：　네, 저는 친구들과 여행을 했어요.
> 지영　：　정말요? 얼마 동안 어디를 여행했어요?
> 마지덥：　2주 동안 유럽을 다녀왔어요.
> 　　　　　역사 유적지, 박물관도 보고 등산도 했는데 정말 좋더라고요.
> 지영　：　긴 여행은 부럽네요. 저도 내년에 처음으로 유럽 여행을 가려고 하는데 마지덥 씨한테 많이 물어 볼게요.

1) 마지덥 씨는 방학 동안 어디를 여행했어요?　Where did Majidub travel during your vacation?

2) 읽은 내용과 맞는 것을 고르세요.　Choose the correct answer for what you read.

　① 오늘은 학교 개강일이에요.
　② 마지덥 씨는 방학을 혼자 보냈어요.
　③ 지영 씨는 유럽 여행을 다녀왔어요.
　④ 마지덥 씨는 2주 동안 유럽을 여행했어요.

말하기, 쓰기
Speaking and Writing

 여러분의 고향은 어떤 곳이에요? '나의 고향'에 대해 쓰고 소개해 보세요.
What is your hometown like? Write about and introduce your hometown.

1) 고향이 어디입니까?
2) 고향 날씨가 어떻습니까?
3) 고향에서 유명한 곳은 어디입니까?
4) 고향에서 맛있는 음식은 무엇입니까?
5) 고향에서 무엇을 사면 좋습니까?

보기

제 고향은 한국 제주도입니다. 제주도는 한국 남쪽에 있는 섬입니다. 제주도는 날씨가 따뜻하고 좋습니다. 하지만 겨울에는 눈이 많이 옵니다. 제주도는 아름다운 바다와 한라산이 유명합니다. 또 예쁜 커피숍과 박물관도 유명합니다. 그리고 맛있는 음식은 귤과 해산물, 돼지고기입니다. 제주도에서 귤로 만든 간식, 해산물, 기념품 등을 사면 좋습니다. 제 고향 제주도에 꼭 한번 여행 오세요.

___

___

___

___

___

해산물　　　　　기념품
seafood　　　　　souvenir

제2과
Unit 2

모두 개강총회에 참석해 주세요.

Please, attend the opening semester meeting for all depardeparts.

들어가기
Introduction

1. 새 학기에 학과에서 무엇을 해요?
   What do you do in new semester of your department?

2. 수강 정정 기간은 언제부터 언제까지예요?
   What is the period of classes correction period?

학습 목표 Learning objectives	새 학기 학과 생활에 대해 알고 말할 수 있다.
주제 Topic	새 학기 생활
사용 어휘 Vocabulary used	새 학기, 개강, 수강신청 변경
사용 문법 Grammar used	-(으)세요, -아/어/여 주세요

대화 1
Dialogue 1

과 대표 : 안녕하십니까. 경영학과 과 대표 김민수입니다.

다음 주 목요일 새 학기 개강총회가 있습니다.

오후 5시에 경영관 110호 강의실로 오세요.

학과 일정과 M.T, 체육 대회에 대해 이야기할 겁니다.

끝나고 학교 앞 식당에서 뒤풀이도 있습니다. 회비는 2만 원입니다.

모두 꼭 참석해 주세요.

개강총회	회비	일정	새 학기
opening semester meeting	membership fee	schedule	new semester

뒤풀이	참석하다
after party	to attend

---

1) 개강총회는 언제, 어디에서 해요?

2) 개강총회가 끝나고 어디에 가요?

3) 개강총회에서 무슨 이야기를 해요?

어휘 1 - 새 학기 학과 행사

Vocabulary 1 - A new academic event for the new semester

교양 한국어 | 제2과 모두 개강총회에 참석해 주세요.

선배
senior

후배
junior

동기
same period

학번
student number

재학생
enrolled student

학회장
president of the faculty

부회장
vice chairman

과 대표
department student representative

친해지다
to became intimate

적응하다
to adapt

뽑다
to select

공지하다
to announce

모임
meeting

환영회
welcome party

M.T
membership training

학과 점퍼(과잠)
a department jumper

대화 2
Dialogue 2

왕지홍 : 조교 선생님, 수업을 바꾸고 싶은데 정정 기간이 언제부터 언제까지예요?

조교 : 수강 정정 기간은 오늘부터 9월 8일 금요일까지예요. 무슨 수업을 변경할 거예요?

왕지홍 : 전공 수업을 바꾸고 싶어요.

조교 : 전공 수업은 교수님 허락을 받아야 해요. 먼저 교수님께 연락하세요.

왕지홍 : 네, 제가 연락할게요. 알려 주셔서 감사합니다.

조교	수강 정정 기간	바꾸다(변경하다)	허락하다
assistant	class correction period	to change	to approve
연락하다	알려 주다	~부터 ...까지	
to contact	let know	~ from ... until	

---

1) 수강 정정 기간은 언제부터 언제까지예요?

2) 왕지홍 씨는 무슨 수업을 바꾸고 싶어 해요?

3) 전공 수업 변경은 누구의 허락을 받아야 해요?

어휘 2 - 수강 정정

Vocabulary 2 - Changing classes

- 전공
  major

- 시간표
  schedule

- 수강 정원
  taking classes

- 공지 사항
  notice

- 담당 교수
  professor in charge

- 과목
  subject

- 재수강
  course repetition

- 학사 일정
  academic calendar

- 유의 사항
  note

- 강의계획서
  syllabus

- 취소하다
  to cancel

- 개설하다
  to establish

- 신중하다
  to be careful

- 확인하다
  to check

- 문의하다
  to inquire

- 결정하다
  to decide

어휘 연습
Vocabulary practice

 알맞은 어휘를 연결하세요.
Match the correct vocabulary.

1) 개강 • • opening semester

2) 재수강 • • membership fee

3) 회비 • • course repetition

4) 참석하다 • • to contact

5) 변경하다 • • to attend

6) 연락하다 • • to change

다음 문장에 알맞은 단어를 쓰세요.
Write the appropriate word for the following sentences.

환영회   학사 일정   강의계획서

적응하다   결정하다   취소하다

---

1) 갑자기 약속을 _____ 해서 미안해요.

2) 내년에 대학원에 입학하기로 _____ 했어요.

3) 이번 주에 학과 신입생 _____가 있습니다.

4) 학교 홈페이지에 _____이 있으니까 꼭 보세요.

5) 저는 한국에 오래 살아서 한국 생활에 잘 _____ 고 있어요.

6) 수강 신청을 할 때 _____ 를 잘 보고 수업을 선택하세요.

문법 표현 1
Grammar expression 1

-(으)세요

1. 동사 뒤에 붙어서 '명령, 요청'을 표현한다.
   Attached to a verb and indicates imperative or appeal to the verb.

   - 받침 O + -으세요

     → 읽다 + -으세요 = 읽으세요   → 듣다 + -으세요 = 들으세요

   받침 X + -세요

     → 보다 + -세요 = 보세요   → 공부하다 + -세요 = 공부하세요

   예) 이 단어를 읽으세요.
   　　방을 청소하세요.
   　　책 20쪽을 펴세요.

   ★ 먹다, 마시다 → 드세요　　　자다 → 주무세요
   　to eat, to drink → eat please, drink please　　to sleep → sleep please

   공식적인 말하기에서는 '-(으)십시오'를 사용한다. 억양을 강하게 하면 강한 명령, 약하게 하면 부탁의 의미가 된다.
   In formal speech, '-(으)십시오' is used. A strong intonation means a strong command, and a weak intonation means a request.

	-으세요
앉다	
씻다	
*듣다	
*만들다	

	-세요
가다	
사다	
쓰다	
기다리다	

연습 문제

<보기>와 같이 질문, 대답을 완성하세요.
Complete the questions and answers as shown in <보기>

> 보기
>
> 가 : 이것 좀 <u>드세요</u>.
>
> 나 : 감사합니다. 잘 먹겠습니다.

1) 가 : 시험지에 이름을 _____.

　　나 : 네, 이름을 쓸게요.

2) 가 : 방이 더러워요. 방을 _____.

　　나 : 알겠어요. 오늘 청소할게요.

3) 가 : 오늘 너무 피곤하네요.

　　나 : 그럼, 집에 일찍 _____.

4) 가 : 서울역에 어떻게 가요?

　　나 : 이 길로 쭉 _____.

문법 표현 2
Grammar expression 2

-아/어/여 주세요

| 동사 뒤에 붙어서 '명령, 부탁, 요청'을 표현한다.
Attached to a verb and indicates imperative, request or appeal to the verb.

- ㅏ, ㅗ + -아 주세요

  → 가다 + -아 주세요 = 가 주세요   → 보다 + -아 주세요 = 봐 주세요

  ㅏ, ㅗ X + -어 주세요

  → 읽다 + -어 주세요 = 읽어 주세요   → 듣다 + -어 주세요 = 들어 주세요

  하다 + -여 주세요

  → 청소하다 + -여 주세요 = 청소하여 주세요 → 청소해 주세요

  → 좋아하다 + -여 주세요 = 좋아하여 주세요 → 좋아해 주세요

  예) 9시에 교실로 와 주세요.
  　 한국 음식을 만들어 주세요.

★ 내가 다른 사람을 도와주고 싶을 때에는 '-아/어/여 줄게요, 줍니다, 줄까요?, 드릴까요?'를 사용한다.
When you want to help someone '-아/어/여 줄게요, 줍니다, 줄까요?, 드릴까요?' are used.
　→ 제가 도와 줄게요.　/　제가 도와 드릴게요.

	-아 주세요		-어 주세요		해 주세요
닫다		열다		연락하다	
찾다		빌리다		계산하다	
오다		켜다		설명하다	
*돕다		*끄다		생각하다	

연습 문제

<보기>와 같이 문장을 완성하세요.
Complete the sentences as shown in <보기>.

> 보기
>
> 교실 안이 더워요. 에어컨 좀 <u>켜다</u> → <u>켜 주세요</u>.

1) 머리를 짧게 <u>자르다</u> → _____.

2) 전화가 와서요. 잠시만 <u>기다리다</u> → _____.

3) 화장실 좀 다녀올게요. 가방 좀 <u>들다</u> → _____.

4) 전공 책을 안 가지고 왔는데 좀 <u>빌리다</u> → _____.

읽기
Reading

 다음 글을 읽고 맞으면 O, 틀리면 X 하세요.
Read the following article choose O if correct, choose X if wrong.

수강 정정 안내문	✕
수강 정정 일정	20XX년 9월 1일 10:00부터 9월 8일 17:00까지
대상자	재학생
방법	학교 홈페이지 - 로그인 - '수강 정정' 클릭

◆ 강의 계획서를 확인하세요.

1) 수강 정정은 1일까지입니다.   O   ✕
2) 수강 정정은 재학생 모두 가능합니다.   O   ✕
3) 수강 정정은 학교 홈페이지에서 할 수 있습니다.   O   ✕

 다음을 읽고 물음에 대답하세요.
Read the following and answer the questions.

> 타오: 지영 씨도 이번 주 개강총회에 가요?
> 지영: 네, 학과 모임이니까 참석하려고요.
> 타오: 개강총회에 가면 뭐 해요?
> 지영: 학과 일정을 듣고 학과 점퍼도 신청해요.
> 　　　또 같이 밥을 먹으면서 선배님, 동기들과 이야기도 많이 해요.
> 타오: 재미있겠네요. 저도 갈게요.

1) 두 사람은 어디에 참석해요?   Where are the two person attending?

2) 읽은 내용과 맞는 것을 고르세요.   Choose the correct answer for what you read.

　① 타오 씨는 개강총회에 안 가요.
　② 지영 씨는 개강총회에서 발표해요.
　③ 두 사람은 학과 점퍼를 신청했어요.
　④ 개강총회에서 학과 일정을 들을 수 있어요.

말하기, 쓰기
Speaking and Writing

1 **이번 학기 시간표를 쓰고 친구와 대화하세요.**
Write this semester's timetable and talk to your friends.

1) 이번 학기 몇 학점을 들어요?
2) 전공 수업은 몇 개예요?
3) 무슨 요일에 수업이 없어요?

	월	화	수	목	금
9시					
10시					
11시					
12시					
13시					
14시					
15시					
16시					
17시					

2 **이번 학기 계획을 쓰고 이야기하세요.**
Write and talk about your plans for this semester.

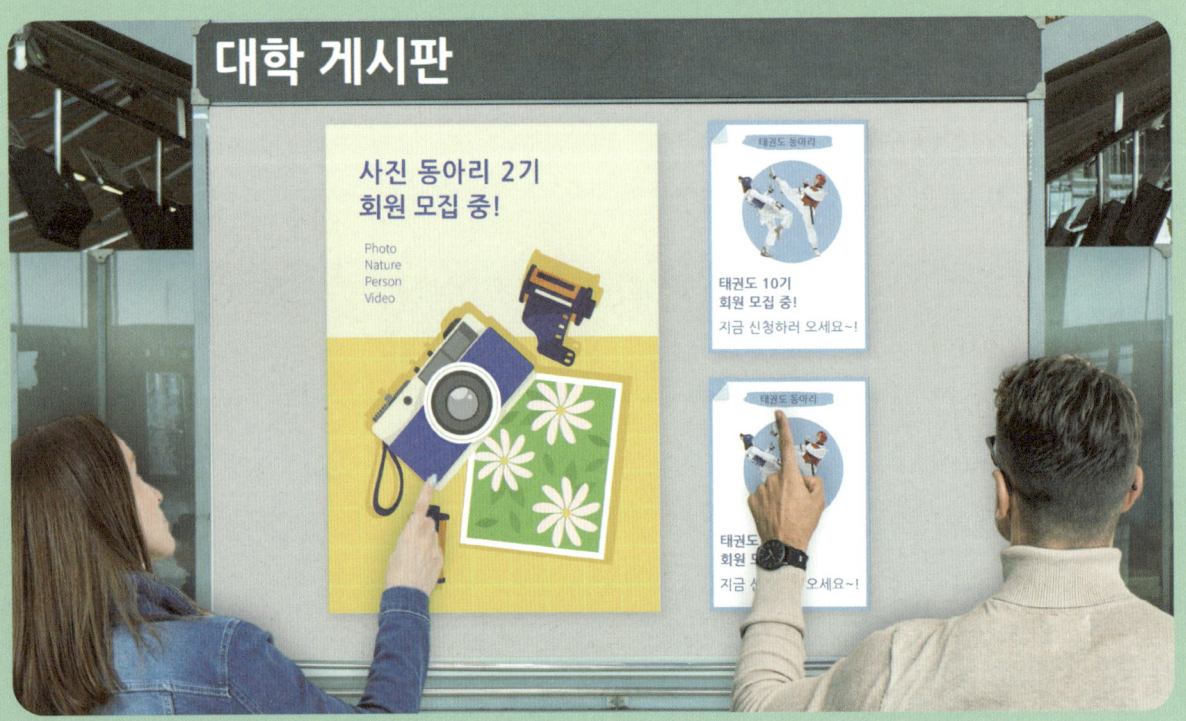

제3과
Unit 3

저는 사진 찍는 것을 좋아해요.

I like taking pictures.

들어가기
Introduction

1. 무슨 운동을 좋아해요?
   What sport do you like?

2. 취미가 뭐예요? 무슨 동아리에 가입하고 싶어요?
   What are your hobbies? Would you like to enter some clubs?

학습 목표 Learning objectives	좋아하는 취미에 대해 알고 말할 수 있다.
주제 Topic	취미 활동
사용 어휘 Vocabulary used	취미, 동아리
사용 문법 Grammar used	-는 것, -고 있어요

대화 1
Dialogue 1

마지덥 : 오늘 축구 경기가 있던데, 헨드라 씨는 축구를 좋아해요?

헨드라 : 네, 저는 축구 보는 것, 하는 것을 다 좋아해요.

인도네시아에서는 친구들과 자주 했는데 한국에서는 가끔 해요.

마지덥 씨도 축구를 좋아해요?

마지덥 : 아니요, 저는 축구보다 배드민턴을 더 좋아해요.

요즘 배드민턴을 자주 치고 있어요.

헨드라 : 그래요? 저도 배우고 싶은데 같이 해요.

마지덥 : 좋아요. 같이 운동해요.

취미 hobby	경기 contest	선수 athlete	혼자 by oneself
가끔 sometimes	자주 often	항상 always	인도네시아 Indonesia

1) 헨드라 씨는 무슨 운동을 좋아해요?

2) 마지덥 씨는 무슨 운동을 자주 해요?

3) 헨드라 씨는 앞으로 무슨 운동을 배우고 싶어 해요?

어휘 1 - 스포츠
Vocabulary 1 - Sport

하다 to do	치다 to hit	타다 to ride
축구 football	탁구 table tennis	자전거 bicycle
농구 basketball	테니스 tennis	스키 skii
야구 baseball	배드민턴 badminton	스케이트 skate
배구 volleyball	볼링 bowling	스노보드 snowboard
수영 swimming	골프 golf	

대화 2
Dialogue 2

마지덥 : 안녕하세요. 사진 동아리에 가입하고 싶어서 왔는데요.

선배 : 반가워요. 사진 찍는 것을 좋아해요?

마지덥 : 네, 사진을 좋아하지만 잘 못 찍어요. 동아리에 가입하면 무슨 활동을 해요?

선배 : 사진은 선배들이 가르쳐 줄 거예요.

우리는 주말에 모여서 사진을 찍고 1년에 한 번 사진 전시회도 열어요.

여기 신청서를 써서 이번 주 금요일까지 주세요.

마지덥 : 네, 감사합니다. 신청서를 써서 드릴게요.

동아리	신청서	전시회	모이다
club	application form	exhibition	to gather
모집하다	가입하다	활동하다	
to recruit	to join	to act/work	

---

1) 마지덥 씨는 무슨 동아리에 가입하고 싶어 해요?

2) 사진 동아리에서는 무슨 활동을 해요?

3) 가입 신청서를 언제까지 줘야 해요?

어휘 2 - 취미
Vocabulary 2 - Hobby

그림을 그리다
to draw

사진을 찍다
to take a picture

책을 읽다 / 독서하다
to read a book

수집하다 / 모으다
to collect

(음악, 미술) 감상하다
to appreciate

구경하다
to watch

등산하다
to go hiking

낚시하다
to do fishing

게임하다
to play games

만들다
to make

춤을 추다
to dance

노래를 부르다
to sing

(악기) 연주하다
to play an instrument

(나무, 동물) 키우다
to grow

어휘 연습
Vocabulary practice

1 알맞은 어휘를 연결하세요.
Match the correct vocabulary.

1) 자주 • • often

2) 축구 • • to swim

3) 전시회 • • football

4) 수영하다 • • to play an instrument

5) 연주하다 • • exhibition

6) 활동하다 • • to act/work

다음 문장에 알맞은 단어를 쓰세요.
Write the appropriate word for the following sentences.

| 취미 | 자전거 | 동아리 |
| 만들다 | 구경하다 | 가입하다 |

---

1) 저는 공원에서 _____ 타는 것을 좋아해요.

2) 저는 어제 집에서 한국 음식을 _____ 었어요.

3) 우리는 내일 미술관에 그림을 _____ 러 가요.

4) 사진 _____ 에서는 같이 사진을 찍고 사진 전시회도 해요.

5) 토픽 시험을 보려면 먼저 토픽 홈페이지에서 회원 _____ 세요.

6) 저는 그림 그리는 것을 좋아해요. 제 _____ 는 그림 그리기예요.

문법 표현 1
Grammar expression 1

-는 것

I 동사 뒤에 붙어서 동사를 명사로 바꿀 때 사용한다.
  Changes verbs to nouns attaching to verbs.

- 받침 O + -는 것

    → 먹다 + -는 것 = 먹는 것

    받침 X + -는 것

    → 보다 + -는 것 = 보는 것

    예) 제 취미는 사진을 찍는 것입니다.

    저는 노래 부르는 것을 좋아해요.

★ '-는 것'의 과거 표현은 '-(으)ㄴ 것', 미래 표현은 '-(으)ㄹ 것'이다.
  Past term of '-는 것' is '-(으)ㄴ 것', '-(으)ㄹ 것' indicates future term.
  비슷한 표현 : '-기'는 미래나 명사로 끝나는 문장에 많이 사용한다.
  Similar expressions: '-기' is often used in sentences that end in the future or a noun.
  → 매일 두 시간 한국어 공부하기 / 오늘은 밥 먹기가 싫어요.

	-는 것
읽다	
마시다	
수영하다	
* 만들다	

	-기
읽다	
마시다	
수영하다	
만들다	

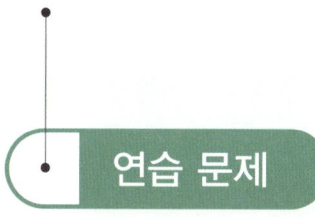

연습 문제

<보기>와 같이 문장을 완성하세요.
Complete the sentences as shown in <보기>.

> 보기
> 가 : 한국 여행을 하고 싶은데 어디에 가는 것이 좋아요?
> 나 : <u>바다를 좋아하면 부산이나 제주도에 가는 것이 좋아요</u>.

1) 가 : 주말에 뭐 하는 것을 좋아해요?

   나 : _____.

2) 가 : 평소에 뭐 하는 것을 싫어해요?

   나 : _____.

3) 가 : 한국어를 잘하려면 어떻게 하는 것이 좋아요?

   나 : _____.

4) 가 : 취미가 뭐예요?

   나 : _____.

문법 표현 2
Grammar expression 2

-고 있어요

| 동사 뒤에 붙어서 지금 행동의 진행이나 요즘 계속 하는 행동 등을 표현한다.
Indicates continuoing now or repeating actions.

- ① 지금, 현재 행동

    → 먹다 + -고 있어요 = 먹고 있어요

    → 가다 + -고 있어요 = 가고 있어요

    ② 요즘 계속 하는 행동

    → 배우다 + -고 있어요 = 배우고 있어요

    → 좋아하다 + -고 있어요 = 좋아하고 있어요

    ③ '입다, 벗다, 신다, 쓰다' 탈부착 행동의 지속

    → 바지를 입다 + -고 있어요 = 바지를 입고 있어요

    → 모자를 쓰다 + -고 있어요 = 모자를 쓰고 있어요

    예) 저는 지금 친구를 만나고 있어요.

        저는 한 달 동안 운전을 배우고 있어요.

        친구는 흰색 옷을 입고 있어요.

★ '-고 있었어요'는 과거 행동의 진행을 표현한다.
'-고 있었어요' indicates continuing actions in the past.

    → 어제 2시에 수업을 듣고 있었어요.   /   그때 친구를 만나고 있었어요.

	-고 있어요		-고 있어요		-고 있어요
읽다		신다		보다	
살다		입다		다니다	
듣다		벗다		지내다	

<보기>와 같이 질문에 알맞은 대답을 쓰세요.
Answer the questions as shown in <보기>.

> **보기**
>
> 가 : 지금 뭐 하고 있어요?
>
> 나 : <u>밥을 먹고 있어요</u>.

1) 가 : 지금 무엇을 하고 있습니까?

   나 : _____.

2) 가 : 교실에서 뭐 하고 있어요?

   나 : _____.

3) 가 : 요즘 무엇을 배우고 있어요?

   나 : _____.

4) 가 : 무슨 색깔 옷을 입고 있어요?

   나 : _____.

읽기
Reading

1 **다음 글을 읽고 맞으면 O, 틀리면 X 하세요.**
Read the following article choose O if correct, choose X if wrong.

> 제 취미는 그림 그리기입니다. 저는 그림을 보는 것, 그리는 것 모두 좋아합니다. 나무, 꽃을 자주 그립니다. 다음에 제가 그린 그림으로 전시회를 열고 싶습니다.

1) 저는 그림을 보는 것을 좋아합니다. O X
2) 저는 취미로 그림을 그리고 있습니다. O X
3) 제가 그린 그림으로 전시회를 열었습니다. O X

2 **다음을 읽고 물음에 대답하세요.**
Read the following and answer the questions.

> 타오: 지영 씨가 가입한 등산 동아리에서는 산에 자주 가요?
> 지영: 네, 주말마다 등산해요. 왜요?
> 타오: 저도 건강 때문에 등산을 하고 싶어요.
> 지영: 동아리 사람들과 함께 등산하면 재미있고 건강에도 좋아요. 또 산에 있는 쓰레기도 주워요. 이번 주말에 같이 갈래요?
> 타오: 좋아요. 한번 가 보고, 동아리에 가입할게요.

1) 두 사람은 이번 주말에 같이 무엇을 할 거예요? What are you two going to do together this weekend?

2) 읽은 내용과 맞는 것을 고르세요. Choose the correct answer for what you read.
① 지영 씨는 등산을 안 좋아해요.
② 두 사람은 등산 동아리에 가입할 거예요.
③ 타오 씨는 등산해서 건강이 좋지 않아요.
④ 동아리 사람들은 산에 있는 쓰레기를 주워요.

말하기, 쓰기
Speaking and Writing

교양 한국어 | 제3과 저는 사진 찍는 것을 좋아해요.

1 **<보기>와 같이 동아리 회원 모집 포스터를 만들어 보세요.**
Make a club membership post as shown in <보기>

1) 무슨 동아리입니까?
2) 동아리 이름이 무엇입니까?
3) 동아리에서 무슨 활동을 합니까?
4) 회원들은 언제, 어디에서 모입니까?
5) 무엇이 필요합니까?

태권도 '화랑' 모집!

태권도 동아리 '화랑'에서 회원을 모집합니다.
태권도를 좋아하면 누구든지 환영합니다.
처음 배우는 분, 운동을 못하는 분 모두 괜찮습니다.
'화랑'에서는 태권도를 배우고, 태권도 공연도 합니다.
매주 화요일, 목요일 오후에 모여서 연습합니다.
함께 태권도를 배웁시다.

연락처 123-4567-8910

55

제4과
Unit 4

학교 근처 원룸으로 이사하려고 해요.

Planning to move to one room apartment near the university.

들어가기 Introduction	1. 지금 어디에 살고 있어요? Where do you live now?
	2. 어떤 집으로 이사 가고 싶어요? Where would you like to move?

학습 목표 Learning objectives	집을 구하는 방법과 집들이에 대해 알고 말할 수 있다.
주제 Topic	집 구하기
사용 어휘 Vocabulary used	집, 이사, 집들이
사용 문법 Grammar used	-(으)면서, -(으)려고 해요

대화 1
Dialogue 1

타오 : 안녕하세요. 학교 근처에 월세 집을 보려고 하는데요.

사장님 : 어서 오세요. 어떤 집을 찾으세요?

타오 : 방이 크면서 학교 근처에 있는 원룸을 찾고 있어요.

사장님 : 원룸은 보통 보증금은 100~300만 원이고, 월세는 30~50만 원까지 다양해요.

타오 : 네, 가구와 전자제품은 다 있나요?

사장님 : 그럼요. 원룸에는 가구와 가전제품이 다 있어서 학생이 살기 편할 거예요.

| 부동산 | 월세 | 가구 | 보증금 |
| real-estate agency | monthly rent | furniture | deposit |

| 가전제품 | 편하다 |
| electrinics | comfortable |

---

1) 타오 씨는 무엇을 보러 왔어요?

2) 타오 씨는 어떤 집을 찾고 있어요?

3) 원룸 보증금과 월세는 보통 얼마예요?

어휘 1 - 집
Vocabulary 1 - House

교양 한국어 | 제4과 학교 근처 원룸으로 이사하려고 해요.

임대인(집주인)	수도료	고지서
lessor	water bill	official biling
임차인(세입자)	전기세	관리비
tenant	electricity bill	maintenance cost
	가스비	전세
	gas bill	lease on a deposit basis

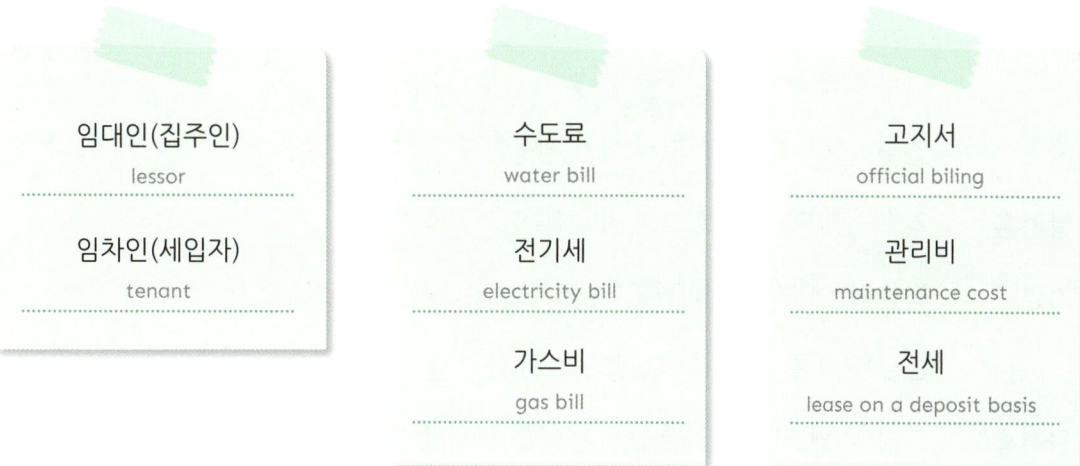

창문 - window
부엌(주방) - kichen
현관 - entrance
거실 - livingroom
방 - room
화장실 - restroom

59

대화 2
Dialogue 2

타오 : 제가 이사한 집에 초대하려고 하는데 이번 주 토요일에 시간 괜찮아요?

지영 : 집들이하는 거예요? 저는 시간 괜찮아요.

왕지홍 : 저도 좋아요. 그런데 지영 씨, 집들이가 뭐예요?

지영 : 집들이는 이사한 집에 친구나 가족을 초대하는 걸 말해요. 손님은 보통 화장지나 세제, 필요한 물건을 선물해요.

왕지홍 : 그럼, 지영 씨랑 같이 집들이 선물을 사서 갈게요.

타오 : 고마워요. 제가 맛있는 저녁을 준비할게요.

집들이	손님	세제	화장지
housewarming party	guest	cleanser	toilet paper
초대하다	준비하다	~(이)나	
invite	prepare	or	

1) 타오 씨는 집에 친구들을 왜 초대해요?

2) 타오 씨 집들이는 언제 해요?

3) 집들이 때 손님은 집주인에게 무엇을 선물해요?

어휘 2 - 이사, 집들이
Vocabulary 2 - Housewarming

어휘 연습
Vocabulary practice

1. 알맞은 어휘를 연결하세요.
Match the correct vocabulary.

1) 가구 • • deposit

2) 보증금 • • electricity bill

3) 전기세 • • furniture

4) 이사하다 • • to make a contract

5) 계약하다 • • to move

6) 정리하다 • • to arrange

다음 문장에 알맞은 단어를 쓰세요.
Write the appropriate word for the following sentences.

| 월세 | 부동산 | 집들이 |
| 편하다 | 준비하다 | 초대하다 |

1) 어제 저녁 식사는 제가 _____.

2) 내일 제가 이사한 집에서 _____를 할 거예요.

3) 원룸 _____는 매달 15일에 집주인에게 보내요.

4) _____ 사장님께서 좋은 집을 소개해 주셨어요.

5) 이 집은 학교와 가깝고 가구, 가전제품이 있어서 살기 _____.

6) 다음 주 제 생일 파티에 우리 반 친구들을 _____려고 해요.

문법 표현 1
Grammar expression 1

-(으)면서

| 동사, 형용사 뒤에 붙어서 두 가지 행동이나 상황이 동시에 유지되는 것을 표현한다.
Added to verb or adjective to show two simultaneous situations or actions.

- 받침 O + -으면서

    → 먹다 + -으면서 = 먹으면서   예) 동생은 밥을 먹으면서 TV를 봐요.
    → 좋다 + -으면서 = 좋으면서   과일은 건강에 좋으면서 맛있어요.

    받침 X + -면서

    → 가다 + -면서 = 가면서   예) 집에 가면서 전화 통화해요.
    → 예쁘다 + -면서 = 예쁘면서   친구는 예쁘면서 성격도 좋아요.

★ 명사와 쓰일 때는 '(이)면서' 형태로 사용된다
   '(이)면서' is added to nouns.
   → 그는 회사원이면서 대학원생이에요.

	-으면서
읽다	
작다	
* 듣다	
* 춥다	

	-면서
보다	
청소하다	
비싸다	
* 알다	

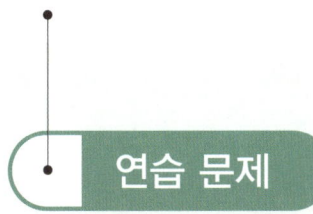

연습 문제

<보기>와 같이 문장을 완성하세요.
Complete the sentences as shown in <보기>.

보기

영화를 보다 + 커피를 마셔요

→ 영화를 보면서 커피를 마셔요.

1) 친구들과 식사하다 + 이야기해요

→ _____.

2) 음악을 듣다 + 청소해요

→ _____.

3) 그는 똑똑하다 + 멋있어요

→ _____.

4) 바람이 불다 + 비도 와요

→ _____.

5) 그는 가수이다 + 배우예요

→ _____.

문법 표현 2
Grammar expression 2

-(으)려고 해요

I 동사 뒤에 붙어서 미래 계획, 곧 일어날 행동이나 상황을 표현한다.
Added to verbs to indicate future plans, actions or situations that are going to happen.

- 받침 O + -으려고 해요

    → 먹다 + -으려고 해요 = 먹으려고 해요   예) 지금 밥을 먹으려고 해요.

    받침 X + -려고 해요

    → 가다 + -려고 해요 = 가려고 해요   예) 이제 집에 가려고 해요.

★ 가까운 미래를 나타내는 '이제, 지금, 막, 곧' 등과 같이 사용한다.
'이제, 지금, 막, 곧' 'now, at the moment, just at the moment, soon' indicate foreseeable foture.

'-(으)려고 했어요'는 과거에 하려고 했지만 하지 못한 것을 표현한다.
'-(으)려고 했어요' expresses something that I tried to do in the past but couldn't.
→ 저는 유학가려고 했어요. 그런데 못 갔어요.

'-(으)려고 + V' 표현을 사용하기도 한다.
'-(으)려고 + V' can also be used.
→ 밥을 먹으려고 식당에 가요.

	-으려고 해요		-려고 해요
찾다		자다	
입다		만나다	
* 듣다		시작하다	
* 만들다		공부하다	

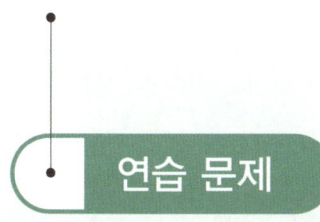

연습 문제

<보기>와 같이 질문에 알맞은 대답을 쓰세요.
Answer the questions as shown in <보기>.

> 보기
>
> 가 : 언제 집에 가요?
>
> 나 : <u>수업 끝나고 가려고 해요</u>.

1) 가 : 언제 점심을 먹으려고 해요?

   나 : _____.

2) 가 : 어디로 여행을 가려고 해요?

   나 : _____.

3) 가 : 버스에서 내렸어요?

   나 : 아니요, 지금 _____.

4) 가 : 오늘 수업 끝나고 뭐 할 거예요?

   나 : _____.

읽기
Reading

1. 다음 글을 읽고 맞으면 O, 틀리면 X 하세요.
Read the following article choose O if correct, choose X if wrong.

> 룸메이트 구합니다.
>
> 안녕하세요. 저는 한국대학교 경영학과 1학년 마지덥입니다. 우즈베키스탄 사람이고 남학생입니다. 학교 근처 투룸에 살고 있는데 룸메이트를 구하려고 합니다. 집에 가구, 가전제품은 모두 있습니다. 보증금은 제가 이미 냈으니 월세와 관리비를 반반씩 내면 됩니다.
> 관심 있으신 분은 연락 주세요. 010-1234-5678

1) 마지덥 씨는 룸메이트를 찾고 있습니다.   O X
2) 룸메이트는 보증금을 반반씩 내야 합니다.   O X
3) 이 집에는 가구와 가전제품이 모두 있습니다.   O X

2. 다음을 읽고 물음에 대답하세요.
Read the following and answer the questions.

> 집주인 : 학생, 이사는 언제 하려고 해요?
> 타오　 : 다음 주 토요일에 하려고 해요. 월세는 언제 드리면 돼요?
> 집주인 : 월세 30만 원은 매달 15일 계좌 이체해 주세요.
> 　　　　수도료와 전기세, 가스비는 고지서가 나오면 은행에 따로 내면 돼요.
> 타오　 : 네, 감사합니다. 이사하는 날 월세를 보내고 연락드릴게요.

1) 타오 씨는 언제 이사하려고 해요? When is Tao going to move?

2) 읽은 내용과 맞는 것을 고르세요. Choose the correct answer for what you read.

　① 이 집은 월세가 15만 원이에요.
　② 타오 씨는 집주인에게 월세를 줬어요.
　③ 월세는 매달 집주인에게 계좌 이체하면 돼요.
　④ 월세에 전기, 수도, 가스비가 포함되어 있어요.

고지서　　　　　　계좌 이체하다
official billing　　do an account transfer

말하기, 쓰기
Speaking and Writing

1 **여러분은 지금 어떤 집에서 살고 있어요? 그리고 어떤 집에서 살고 싶어요? 살고 싶은 집에 대해 이야기하세요.**

What kind of house do you live in now? What kind of house do you want to live in?
Tell me about the house you want to live in.

주변 환경	교통이 편리한 곳, 학교가 가까운 곳, 근처에 공원이 있는 곳, 쇼핑하기 좋은 곳
집의 특징	방이 넓다, 창문이 크다, 가구와 전자제품이 있다, 주차장이 있다, 엘리베이터가 있다, 햇빛이 잘 들다, 반려동물을 키울 수 있다

1) 지금 어디에 살고 있습니까?
2) 지금 살고 있는 집은 무엇이 좋고 안 좋습니까?
3) 어떤 집에서 살고 싶습니까? (주변 환경과 집의 특징)
4) 보증금, 월세는 얼마 정도면 좋겠습니까?

보기

저는 지금 학교 기숙사에 살고 있습니다. 학교 기숙사는 학교 안에 있고 친구들이 많아서 좋습니다. 하지만 요리를 할 수 없고 규칙이 많아서 불편합니다. 그래서 저는 학교 근처 원룸에서 살고 싶습니다. 학교와 가깝고 공원이 있으면 좋겠습니다. 보증금은 200만 원, 월세는 40만 원 정도면 좋겠습니다.

제5과
Unit 5

아르바이트를 한 적이 있어요.

I have worked part-time before.

들어가기
Introduction

1. 아르바이트하거나 일한 적이 있어요?
   Have you aver done part-time job or worked?

2. 무슨 아르바이트를 하고 싶어요?
   What part-time job do you want to do?

학습 목표 Learning objectives	아르바이트와 경험에 대해 알고 말할 수 있다.
주제 Topic	아르바이트
사용 어휘 Vocabulary used	아르바이트, 근로 장학생
사용 문법 Grammar used	-(으)ㄴ 적이 있어요/없어요, -(으)ㄹ 줄 알아요/몰라요

대화 1
Dialogue 1

헨드라 : 안녕하세요. 아르바이트 면접을 보러 온 헨드라입니다.

사장님 : 여기 앉으세요. 이력서를 보니까 영어와 한국어를 잘하네요. 한국어를 얼마나 공부했어요?

헨드라 : 한국어는 2년 정도 공부했고 토픽 4급이 있습니다.

사장님 : 아르바이트한 적은 있어요?

헨드라 : 네, 한국 식당에서 1년 동안 일했습니다. 호텔 일은 처음이지만 호텔경영학 전공이어서 잘할 수 있습니다.

사장님 : 그래요. 결과는 이번 주까지 연락드리겠습니다.

아르바이트	면접	이력서	토픽
part-time job	interview	CV	TOPIK
			(test of proficiency in korean)
호텔경영학	전공		
hotel management program	major		

---

1) 헨드라 씨는 지금 무엇을 하고 있어요?

2) 헨드라 씨는 어디에서 일하려고 해요?

3) 헨드라 씨는 무슨 아르바이트를 한 적이 있어요?

어휘 1 - 아르바이트
Vocabulary 1 - Part-time job

초보자
beginner

경력자
experienced worker

시급
hourly wage

보너스
bonus

휴일
weekend

휴식 시간 (휴게 시간)
break time

우대
preferential conditions

조건
condition

자격
qualification

근로 계약서
employment contract

출근하다
go to work

퇴근하다
to leave work

경험하다
to experience

포함하다
to include

대화 2
Dialogue 2

왕지홍 : 지영 씨, 학교 홈페이지에서 '근로 장학생 모집'을 봤는데 근로 장학생이 뭐예요?

지영 : 학생이 학교에서 일하고 장학금을 받는 거예요. 관심 있어요?

왕지홍 : 네, 학교에서 일하면 좋을 것 같아요. 학교 어디에서 일해요?

지영 : 학과 사무실이나 도서관 등에서 일해요.
유학생은 국제교류원에서 번역, 통역 일을 할 수도 있고요.
왕지홍 씨는 중국어를 할 줄 아니까 한번 해 보세요.

왕지홍 : 고마워요. 이번 학기에 근로 장학생을 신청해 볼게요.

장학금	근로 장학생	관심	일하다
scholarship	working for scholarship student	interest	to work
번역하다	통역하다		
to translate	to interpret		

---

1) 근로 장학생은 어디에서 일해요?

2) 왕지홍 씨는 무슨 언어를 할 줄 알아요?

3) 유학생은 국제교류원에서 무슨 일을 할 수 있어요?

어휘 2 - 아르바이트 종류
Vocabulary 2 - Type of part-time job

학교 school	정리하다 to arrange	보조하다 to assist	심부름하다 to do an errand	
식당 eating place	요리하다 to cook	서빙하다 to serve	설거지하다 to wash the dishes	
학원 cram school	가르치다 to teach	과외하다 to tutor		
공장 factory	만들다 to make	조립하다 to assemble	옮기다 to move	
농장 farm	심다 to plant	캐다 to dig up	뽑다 to pull	따다 to pick
물류센터 logistics center	분류하다 to sort	배달하다 to deliver		
편의점 convenient store	계산하다 to calculate/pay	청소하다 to clean		
영화관, 백화점, 쇼핑몰 cinema, department store, shopping mall	안내하다 to guide	판매하다 to sell		

어휘 연습
Vocabulary practice

 알맞은 어휘를 연결하세요.
Match the correct vocabulary.

1) 조건 • • CV

2) 휴일 • • conditions

3) 이력서 • • weekend

4) 경험하다 • • to go to work

5) 출근하다 • • to leave work

6) 퇴근하다 • • to experience

다음 문장에 알맞은 단어를 쓰세요.
Write the appropriate word for the following sentences.

| 시급 | 장학금 | 경력자 |
| 근로 계약서 | 번역하다 | 배달하다 |

1) 지난주부터 택배를 _____는 일을 시작했어요.

2) 저희는 편의점 아르바이트 _____를 모집합니다.

3) 이번 학기 성적이 좋아서 학교 _____을 받았어요.

4) 영어를 한국어로 _____는 일은 어렵지만 재미있어요.

5) 아르바이트하기 전에 조건을 잘 보고 _____를 꼭 쓰세요.

6) 국가에서 정한 시간당 최저 _____에 따라 월급을 받아요.

문법 표현 1
Grammar expression 1

-(으)ㄴ 적이 있어요/없어요

| 동사 뒤에 붙어서 과거 경험을 표현한다.
Indicates past experience attaching to the verb.

- 받침 O + **-은 적이 있어요/없어요**

  → 먹다 + **-은 적이 있어요/없어요** = 먹**은 적이 있어요/없어요**

  예) 저는 이 책을 읽은 적이 있어요.

  받침 X + **-ㄴ 적이 있어요/없어요**

  → 가다 + **-ㄴ 적이 있어요/없어요** = 간 **적이 있어요/없어요**

  예) 저는 그 사람을 본 적이 없어요.

★ 과거에 의지를 가지고 시도한 경험, 의미를 강조할 때 '-아/어/여 본 적이 있어요/없어요'를 사용한다.
To emphasise the trial '-아/어/여 본 적이 있어요/없어요' is used.

  → 저는 미국에 가 본 적이 있어요.   /   프랑스 요리를 먹어 본 적이 없어요.

	-은 적이 있어요/없어요		-ㄴ 적이 있어요/없어요
받다		쓰다	
입다		보다	
*살다		만나다	
*듣다		사용하다	

연습 문제

<보기>와 같이 질문에 알맞은 대답을 쓰세요.
Answer the questions as shown in <보기>.

> **보기**
>
> 가 : 제주도에 간 적이 있어요?
>
> 나 : <u>네, 제주도에 간 적이 있어요</u>.

1) 가 : 한복을 입은 적이 있어요?

   나 : _____.

2) 가 : 혼자 여행한 적이 있어요?

   나 : _____.

3) 가 : 아르바이트한 적이 있어요?

   나 : _____.

4) 가 : 피아노를 배운 적이 있어요?

   나 : _____.

문법 표현 2
Grammar expression 2

-(으)ㄹ 줄 알아요/몰라요

I 동사 뒤에 붙어서 어떤 행동을 하는 방법을 아는지, 모르는지를 표현한다.
Attaches to the verb to indicate if you know/ don't know the the way of doing sth.

- 받침 O + -을 줄 알아요/몰라요

    → 먹다 + -을 줄 알아요/몰라요 = 먹을 줄 알아요/몰라요

    예) 저는 한국 음식을 만들 줄 알아요.

    받침 X + -ㄹ 줄 알아요/몰라요

    → 타다 + -ㄹ 줄 알아요/몰라요 = 탈 줄 알아요/몰라요

    예) 저는 수영을 할 줄 몰라요.

★ 능력 표현 '-(으)ㄹ 수 있어요/없어요'와 비슷하게 사용할 수 있다.
'-(으)ㄹ 수 있어요/없어요' indicates the ability and can be used similarly.
    → 저는 운전을 할 수 있어요.   /   저는 운전을 할 줄 알아요.

	-을 줄 알아요/몰라요		-ㄹ 줄 알아요/몰라요
읽다		쓰다	
찍다		마시다	
입다		고치다	
*만들다		운전하다	

교양 한국어 | 제5과 아르바이트를 한 적이 있어요.

<보기>와 같이 질문에 알맞은 대답을 쓰세요.
Answer the questions as shown in <보기>.

> 보기
>
> 가 : 수영할 줄 알아요?
>
> 나 : <u>네, 수영할 줄 알아요</u>.

1) 가 : 운전할 줄 알아요?

   나 : _____.

2) 가 : 한국 음식을 만들 줄 알아요?

   나 : _____.

3) 가 : 중국어를 읽을 줄 알아요?

   나 : _____.

4) 가 : 무슨 운동을 할 줄 알아요?

   나 : _____.

81

읽기
Reading

1 **다음 글을 읽고 맞으면 O, 틀리면 X 하세요.**
Read the following article choose O if correct, choose X if wrong.

> 저는 한국에 와서 아르바이트를 많이 했습니다. 식당 서빙, 영어 과외, 학교 근로 장학생 등을 했습니다. 처음에는 근로 계약서를 쓰지 않은 적도 있고 시급, 보너스 등에 대해서 잘 몰랐습니다. 사장님과 친구들이 도와줘서 많이 배웠습니다. 그래서 이제는 일하기 전에 시급과 근로 계약서를 꼼꼼히 확인하고 씁니다.

1) 이 사람은 아르바이트 경험이 많습니다. O X
2) 아르바이트 근로 계약서를 쓰지 않습니다. O X
3) 이 사람은 과외 아르바이트를 한 적이 없습니다. O X

2 **다음을 읽고 물음에 대답하세요.**
Read the following and answer the questions.

> 교수 : 마지덥 학생은 영어와 러시아어를 할 줄 알죠?
> 마지덥 : 네, 그렇습니다.
> 교수 : 한국 무역 회사에서 러시아어를 통역할 학생을 찾고 있어요. 일주일간 열리는 무역 박람회 일인데 할 생각 있어요?
> 마지덥 : 네, 제가 할 수 있습니다. 전공과 관련되고 좋을 것 같습니다.
> 교수 : 그래요. 좋은 경험이니까 한번 해 보세요. 연락처를 줄게요.

1) 마지덥 씨는 무슨 일을 하려고 해요? What kind of work is Majidub trying to do?

2) 읽은 내용과 맞는 것을 고르세요. Choose the correct answer for what you read.

① 마지덥 씨는 무역 회사에 취업했어요.
② 무역 박람회는 일주일 동안 열릴 거예요.
③ 마지덥 씨는 무역 관련 전공이 아니에요.
④ 마지덥 씨는 학교에서 통역 일을 하고 있어요.

말하기, 쓰기
Speaking and Writing

1) 친구들이 하고 싶은 아르바이트를 조사해 보세요.
Look into the part-time jobs your friends want to do.

1위	2위	3위	4위	5위

2) 여러분은 아르바이트한 적이 있어요? 아르바이트한다면 무슨 일을 하고 싶어요? 아르바이트에 대해 쓰고 이야기하세요.
Have you ever had a part-time job? If you have a part-time job, what kind of part-time job do you want to have? Write about your part-time job and talk about it.

1) 고향이나 한국에서 아르바이트한 적이 있습니까?
2) 어디에서 무슨 일을 했습니까?
3) 앞으로 아르바이트한다면 무슨 일을 하고 싶습니까?
4) 그 일을 하기 위해서 어떻게 준비합니까?

보기

저는 고향에서 아르바이트를 한 적이 있습니다. 편의점에서 청소, 계산했습니다. 세 달 동안 일했습니다. 앞으로 저는 번역, 통역 아르바이트를 하고 싶습니다. 그 일을 하기 위해서 한국어를 열심히 공부하고 있습니다. 토픽 시험을 보고 4급에 합격하겠습니다. 그리고 전공 공부도 잘하고 있습니다.

_____

_____

_____

_____

제6과
Unit 6

수영을 배운 지 3개월이 되었어요.

It took me 3 months to learn how to swim.

들어가기
Introduction

1. 학교 공부 외에 무엇을 배우고 싶어요?
   What would you like to learn instead of studying at the university.

2. 운전면허증을 따려면 어떻게 해야 해요?
   What should you do to get the driver license?

학습 목표 Learning objectives	다양한 자기 개발 활동에 대해 알고 말할 수 있다.
주제 Topic	자기 개발
사용 어휘 Vocabulary used	문화 센터, 스포츠 센터, 운전면허학원
사용 문법 Grammar used	-는 동안, -(으)ㄴ 지

대화 1
Dialogue 1

마지덥 : 안녕하세요. 여기 스포츠 센터에 수영을 등록하려고 하는데요.

강사 : 네, 여기 신청서를 써 주시면 됩니다. 수영을 배우신 적 있으세요?

마지덥 : 예전에 수영을 3개월 동안 배웠는데 안 한 지 오래되었어요.

강사 : 그러면 초급반부터 시작하는 게 좋겠네요.

수영을 등록하시면 헬스장과 사물함은 무료로 이용하실 수 있습니다.

마지덥 : 네. 그럼, 다음 달부터 시작할게요.

무료	예전	헬스장	사물함
free	past	gym	locker

스포츠 센터	이용하다	등록하다	
sports center	to use	to register	

---

1) 이곳은 어디예요?

2) 마지덥 씨는 다음 달부터 무엇을 배우려고 해요?

3) 수영을 배우면 무엇을 무료로 이용할 수 있어요?

어휘 1 - 수강
Vocabulary 1 - Registration for courses

- 문화 센터
  culture center
- 스포츠 센터
  sports center

- 입문반
  to enter
- 초급반
  beginner class
- 중급반
  intermediate class
- 고급반
  advanced class

- 강사
  lecture
- 선착순
  in order
- 수강료
  tuition
- 수강생
  attendee
- 프로그램
  program

- 마감하다
  to finish
- 운영하다
  to manage
- 모집하다
  to recruit
- 접수하다
  to receive
- 지도하다
  to instruct

대화 2
Dialogue 2

타오 : 지홍 씨, 한국에서 운전면허증을 언제 땄어요?
　　　시험은 어렵지 않았어요?

왕지홍 : 면허를 딴 지 2년쯤 됐어요. 학과 시험은 중국어로 봐서 어렵지 않았고
　　　　기능 시험과 도로 주행 시험이 조금 힘들었어요.

타오 : 아! 외국어로도 시험을 볼 수 있네요.

왕지홍 : 영어, 베트남어도 있으니까 타오 씨도 할 수 있을 거예요.
　　　　제가 운전면허증을 딴 학원 연락처를 가르쳐 줄게요.

타오 : 고마워요. 이번 학기에 운전면허증을 꼭 따고 싶어요.

| 학원 | 외국어 | 학과 시험(필기시험) | 기능 시험 |
| cram school | foreign language | written exam | function exam |

| 도로 주행 시험 | 운전면허증을 따다 |
| a road test | to get driver license |

---

1) 두 사람은 무엇에 대해 이야기하고 있어요?

2) 왕지홍 씨는 운전면허증을 딴 지 얼마나 되었어요?

3) 타오 씨는 이번 학기에 무엇을 하려고 해요?

어휘 2 - 자격증
Vocabulary 2 - Certificate

자격증
certificate

면허증
license

☐ 기술
skill/technology

☐ 급수
level

☐ 지도자
instructor

☐ 자기 개발
self-development

☐ 필기시험
written exam

☐ 실기시험
practical exam

☐ 인증하다
to certify

☐ 인정하다
to recognise

☐ 평가하다
to estimate

☐ 연수 받다
to receive training

☐ 떨어지다
to fall

☐ 따다 / 취득하다
to get/receive

☐ 합격하다 / 통과하다
to pass

☐ 발급하다 / 발급 받다
to issue

어휘 연습
Vocabulary practice

 알맞은 어휘를 연결하세요.
Match the correct vocabulary.

1) 무료 • • license

2) 면허증 • • free

3) 수강생 • • attendee

4) 모집하다 • • to recruit

5) 접수하다 • • to acquire

6) 취득하다 • • to receive

2 다음 문장에 알맞은 단어를 쓰세요.
Write the appropriate word for the following sentences.

자격증　　　　　선착순　　　　　수강료

필기시험　　　　합격하다　　　　이용하다

---

1) 요리 수업 한 달 _____가 얼마예요?

2) 저는 지난번에 본 토픽 시험 3급에 _____ 했어요.

3) 문화 센터 수업은 15명 모집하는데 _____으로 마감돼요.

4) 운전면허증을 따려면 _____에 합격하고 실기시험을 보세요.

5) 수영 수업을 등록하면 사물함은 무료로 _____ 할 수 있어요.

6) 좋은 회사에 취업하려면 컴퓨터, 영어 등 _____ 을 많이 따야 해요.

문법 표현 1
Grammar expression 1

-는 동안(에)

I 동사 뒤에 붙어서 동작이 진행되는 시간을 나타낸다.
Indicates action in progress attaching to the verb.

- 받침 O + -는 동안(에)

    → 먹다 + -는 동안(에) = 먹는 동안(에)

    받침 X + -는 동안(에)

    → 기다리다 + -는 동안(에) = 기다리는 동안(에)

    예) 아기가 자는 동안 저는 책을 읽어요.

    　　한국에 사는 동안 친구들을 많이 사귀었어요.

- 명사 + 동안

    → 주말 + 동안 = 주말 동안

    　1시간 + 동안 = 1시간 동안

    예) 1년 동안 한국어를 배웠어요.

	-는 동안(에)
듣다	
배우다	
공부하다	
* 만들다	

	동안(에)
하루	
방학	
10년	
유학 생활	

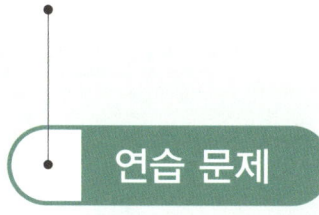

연습 문제

<보기>와 같이 문장을 완성하세요.
Complete the sentences as shown in <보기>.

> 보기
>
> 음식을 기다리다 + 휴대폰을 봐요
> → 음식을 기다리는 동안 휴대폰을 봐요.

1) 밥을 먹다 + 음악을 들어요

   → _____.

2) 저는 한국에 살다 + 한국어를 배웠어요

   → _____.

3) 저는 대학에 다니다 + 친구들을 많이 사귀었어요

   → _____.

4) 제가 잠을 자다 + 동생은 공부했어요

   → _____.

문법 표현 2
Grammar expression 2

-(으)ㄴ 지

| 동사 뒤에 붙어서 어떤 행동을 한 후에 그 시간이 얼마나 지났는지를 나타낸다.
Attach to the verb to indicate how much time has passed since an action was performed.

- 받침 O + -은 지
  - → 먹다 + -은 지 = 먹은 지   예) 점심을 먹은 지 2시간이 됐어요.

  받침 X + -ㄴ 지
  - → 자다 + -ㄴ 지 = 잔 지   예) 잠을 잔 지 8시간이 지났어요.

★ '-이/가 되다, 지나다' 등과 함께 사용한다.
   '-이/가 되다, 지나다' it is used with.
  - → 한국에 온 지 3개월이 지났어요.   /   영화관에 못 간 지 1년이 되었어요.

	-은 지
받다	
씻다	
* 듣다	
* 돕다	
* 살다	

	-ㄴ 지
배우다	
다니다	
만나다	
시작하다	
출발하다	

연습 문제

<보기>와 같이 질문에 알맞은 대답을 쓰세요.
Answer the questions as shown in <보기>.

> **보기**
>
> 가 : 그 집에 산 지 얼마나 되었어요?
>
> 나 : <u>그 집에서 산 지 1년 되었어요</u>.

1) 가 : 한국어를 배운 지 얼마나 되었어요?

   나 : _____.

2) 가 : 한국에 온 지 얼마나 됐어요?

   나 : _____.

3) 가 : 아침을 먹은 지 얼마나 됐어요?

   나 : _____.

4) 가 : 극장에서 영화를 자주 봐요?

   나 : _____.

읽기
Reading

1 다음 글을 읽고 맞으면 O, 틀리면 X 하세요.
Read the following article choose O if correct, choose X if wrong.

한국문화 센터 수강생 모집	
모집기간 20XX. 02. 01~02. 25.	교육 기간 20XX. 03. 02~07. 10.
대상자 성인 누구나	수강료 무료. 재료비 별도
장소 한국문화 센터 1층	접수 방법 한국문화 센터 홈페이지
수업 ① 한국 요리 만들기 ② 케이크 만들기 ③ 중국어 초급반 ④ 기타 배우기	

1) 문화 센터에서 수강생을 모집하고 있습니다.   O X

2) 수강료는 무료이지만 재료비는 내야 합니다.   O X

3) 접수는 문화 센터를 직접 방문해야 할 수 있습니다.   O X

2 다음을 읽고 물음에 대답하세요.
Read the following and answer the questions.

헨드라 : 타오 씨, 지난번에 한국어능력시험 봤잖아요.
저도 시험 보고 싶은데 어떻게 신청해요?
타오 : 한국어능력시험 사이트에 회원가입부터 하세요.
그리고 시험 일정을 확인하고 그 날짜에 신청하면 돼요.
헨드라 : 네, 회원가입부터 할게요. 3급에 합격하고 싶은데 시험이 많이 어려워요?
타오 : 3급부터 쓰기가 있어서 조금 어렵지만 공부하면 할 수 있어요.

1) 헨드라 씨는 무슨 시험을 보려고 해요?   What test is Hendra going to take?

2) 읽은 내용과 맞는 것을 고르세요.   Choose the correct answer for what you read.

① 두 사람은 같이 시험을 볼 거예요.
② 타오 씨는 한국어능력시험 3급에 합격했어요.
③ 한국어능력시험 3급에는 쓰기 시험이 없어요.
④ 헨드라 씨는 한국어능력시험 사이트에 가입할 거예요.

말하기, 쓰기
Speaking and Writing

 여러분은 학교 공부 외에 무엇을 배우고 싶어요? 여러분이 배우고 싶은 문화 센터, 스포츠 센터 프로그램을 만들어 보세요.
What do you want to learn other than studying at school?
Create a cultural center sports center program that you want to learn

보기

"맛있는 한국 요리를 만들어요"
한국 요리 교실 수강생 모집

교육 기간	3월 2일 ~ 5월 31일, 매주 화요일 오후 6~8시
모집 기간	2월 1일 ~ 2월 22일 (20명 선착순 마감)
대상자	외국인
수강료	30만 원 (재료비 포함)
신청 및 문의	02-1234-5678

제7과
Unit 7

체육 대회에 선수로 참가하기로 했어요.
I decided to participate in sports competition as an athlete.

들어가기 / Introduction

1. 학교 체육 대회와 축제에 참여한 적이 있어요?
   Have you ever attended sports competitions or festivals?

2. 체육 대회를 하면 무슨 운동에 참가하고 싶어요?
   What sport would you like to participate in during sports competition?

학습 목표 / Learning objectives	학교 행사에 대해 알고 말할 수 있다.
주제 / Topic	학교 행사
사용 어휘 / Vocabulary used	학교 체육 대회, 축제
사용 문법 / Grammar used	-(으)ㄹ 뿐만 아니라, -기로 해요/했어요

대화 1
Dialogue 1

과 대표 : 다음 달 체육 대회에 참가할 선수를 정하고 과티를 신청받겠습니다.
축구와 농구, 줄다리기 단체 경기뿐만 아니라
달리기, 개인 장기자랑 등 개인전도 있습니다. 상품도 많고요.

타오 : 지영 씨, 같이 줄다리기하는 게 어때요?

지영 : 좋아요, 같이 해요.

타오 : 그런데 과티가 뭐예요?

지영 : 과티는 학과 티셔츠 줄임말이에요. 체육 대회 때 입어야 해요.

타오 : 단체 티셔츠네요. 그럼, 저도 신청할게요.

| 과티(학과 티셔츠) | 상품 | 줄임말 | 개최되다(하다) |
| class uniform | product | abbreviation | to be hosted |

---

1) 다음 달에 무슨 행사가 있어요?

2) 과 대표는 무엇을 정하고 신청 받아요?

3) 타오, 지영 씨는 무슨 경기에 참여할 거예요?

어휘 1 - 체육 대회

Vocabulary 1 - Athletics competition

공격
attack

수비
defence

개인전
individual

단체전
team sport

점수
score

심판
judgment

피구
dodge ball

장기자랑
talent show

달리기(계주)
running race

줄다리기
tug of war

이기다 / 승리하다
to win

지다 / 패하다
to loose

협동하다
to cooperate

응원하다
to cheer

대화 2
Dialogue 2

타오 : 오늘부터 학교 축제라서 그런지 복잡하네요.

왕지홍 : 그렇죠. 외부 사람들도 많이 와서 그래요.
저녁에 동아리 공연이 있던데 같이 보러 갈래요?

타오 : 좋아요. 축제는 3일 동안 하는데 내일은 또 무슨 행사가 있어요?

왕지홍 : 내일은 가수 공연이 있어서 사람들이 더 많을 것 같아요.

타오 : 저는 내일 학과 주점에서 일하기로 해서 바빠요.

왕지홍 : 그럼, 내일 제가 친구들과 같이 타오 씨 학과 주점에 놀러 갈게요.

축제	공연	외부	주점
festival	performance	outside	bar
복잡하다	-아/어/여서 그런지		
complicated	maybe because		

---

1) 3일 동안 학교에서 무엇을 해요?

2) 두 사람은 오늘 무엇을 같이 봐요?

3) 왕지홍 씨는 내일 무엇을 할 거예요?

어휘 2 - 축제
Vocabulary 2 - Festival

볼거리
things to see

먹을거리
things to eat

즐길거리
things to enjoy

놀이
play

학생회
student's association

사회자
host

개막식
opening ceremony

불꽃 축제
fire festival

즐기다
to enjoy

섭외하다
to contact/cast

초청하다
to invite

관리하다
to mannage

검사하다
to examine

안전하다
safe

어휘 연습
Vocabulary practice

1 알맞은 어휘를 연결하세요.
Match the correct vocabulary.

1) 상품 • • product

2) 볼거리 • • complicated

3) 체육 대회 • • things to see

4) 공연하다 • • to perform

5) 복잡하다 • • to cheer

6) 응원하다 • • sports competition

2 다음 문장에 알맞은 단어를 쓰세요.
Write the appropriate word for the following sentences.

| 점수 | 축제 | 줄임말 |
| 학생회 | 이기다 | 안전하다 |

1) 우리 학과는 축구 대회에서 경영학과를 _____.

2) 다음 주부터 학생 대표를 뽑는 _____ 선거가 시작돼요.

3) 이번에 본 한국어능력시험 _____ 가 지난번보다 높아요.

4) 10~20대들은 '과티, 과잠'처럼 _____ 을 많이 사용해요.

5) 콘서트에 관중들이 많았지만 관리를 잘해서 _____ 게 잘 끝났어요.

6) 대학 _____ 에 가면 동아리 공연을 보고 맛있는 음식도 먹을 수 있어요.

문법 표현 1
Grammar expression 1

-(으)ㄹ 뿐만 아니라

1. 동사, 형용사 뒤에 붙어서 행동, 상황이 추가되는 것을 표현한다.
   Indicates additional action attaching to the verb or adjective.

- 받침 O + -을 뿐만 아니라

   → 먹다 + -을 뿐만 아니라 = 먹을 뿐만 아니라

   → 좋다 + -을 뿐만 아니라 = 좋을 뿐만 아니라

   예) 그는 책을 많이 읽을 뿐만 아니라 신문도 매일 봐요.

   　　집에서 학교까지 가까울 뿐만 아니라 교통도 편리해요.

   받침 X + -ㄹ 뿐만 아니라

   → 가다 + -ㄹ 뿐만 아니라 = 갈 뿐만 아니라

   → 예쁘다 + -ㄹ 뿐만 아니라 = 예쁠 뿐만 아니라

   예) 가족을 만날 뿐만 아니라 친구도 만나요.

   　　옷이 예쁠 뿐만 아니라 가격도 싸요.

- 이다 + 일 뿐만 아니라

   → 그는 가수일 뿐만 아니라 학생이에요.

- 명사 + 뿐만 아니라

   → 저는 아침뿐만 아니라 저녁에도 운동해요.

	-을 뿐만 아니라		-ㄹ 뿐만 아니라
작다		크다	
*살다		보다	
*듣다		운동하다	
*가깝다		깨끗하다	

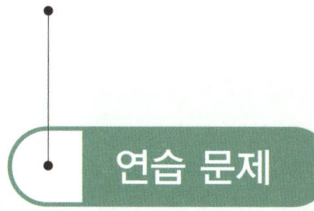

연습 문제

<보기>와 같이 문장을 완성하세요.
Complete the sentences as shown in <보기>.

보기

친구는 성격이 (좋다 → <u>좋을 뿐만 아니라</u>) 공부도 잘해요.

1) 영화가 (재미있다 → _____) 감동적이에요.

2) 그는 (선생님이다 → _____) 대학원생이에요.

3) 내일은 비가 (오다 → _____) 바람도 불겠습니다.

4) 저는 아침에 (빵 → _____) 과일도 같이 먹어요.

5) 제주도는 경치가 (아름답다 → _____) 박물관도 많아요.

6) 저는 어렸을 때 축구를 (좋아했다 → _____) 잘했어요.

문법 표현 2
Grammar expression 2

-기로 해요/했어요

| 동사 뒤에 붙어서 약속, 결정, 결심, 계획 등을 표현한다.
Indicates promises, decisions, resolutions, plans attaching to the verb.

- ① 두 사람 이상 약속

    받침 O/X + **-기로 해요**

    → 먹~~다~~ + **-기로 해요** = 먹**기로 해요**

    → 가~~다~~ + **-기로 해요** = 가**기로 해요**

    예) 오늘 저녁에 비빔밥을 먹기로 해요.
    방학에 같이 여행가기로 해요.

- ② 약속한 것을 다시 말할 때, 혼자 결정, 결심, 계획

    받침 O/X + **-기로 했어요**

    → 먹~~다~~ + **-기로 했어요** = 먹**기로 했어요**

    → 가~~다~~ + **-기로 했어요** = 가**기로 했어요**

    예) 저는 올해부터 담배를 끊기로 했어요.
    부모님과 약속했어요. 공부를 열심히 하기로 했어요.

	-기로 해요		-기로 했어요
쉬다		돕다	
만들다		배우다	
연락하다		운동하다	
청소하다		신청하다	

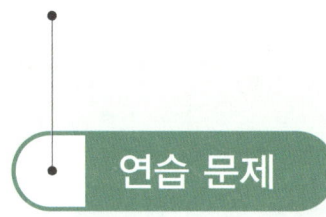

<보기>와 같이 질문에 알맞은 대답을 쓰세요.
Answer the questions as shown in <보기>.

> **보기**
>
> 가 : 오늘 뭐 하기로 했어요?
>
> 나 : <u>집에서 쉬기로 했어요</u>.

1) 가 : 내일 오후 몇 시에 만날까요?

   나 : _____.

2) 가 : 버스를 탈까요, 택시를 탈까요?

   나 : _____.

3) 가 : 방학에 뭐 하기로 했어요?

   나 : _____.

4) 가 : 올해 계획이 뭐예요?

   나 : _____.

읽기
Reading

 다음 글을 읽고 맞으면 O, 틀리면 X 하세요.
Read the following article choose O if correct, choose X if wrong.

> 한국에서는 지역마다 재미있고 특별한 축제가 많습니다. 광주시에서는 '김치 축제'가 있습니다. 김치 축제는 1994년부터 시작되어 매년 10월 열립니다. 이 축제에 가면 다양한 김치 요리를 먹을 수 있을 뿐만 아니라 김치 역사를 알 수 있습니다. 김치 만들기 행사에 미리 신청하면 참여할 수도 있습니다.

1) 김치 축제는 올해 처음 열립니다.

2) 김치 축제에서 여러 가지 김치를 먹을 수 있습니다.

3) 김치 만들기 행사는 현장에서 바로 신청하면 됩니다.

 다음을 읽고 물음에 대답하세요.
Read the following and answer the questions.

> 선생님: 다음 달에 유학생 한국어 말하기 대회가 있는데 헨드라 씨가 참가했으면 해요.
> 헨드라: 저는 한국에 온 지 1년이 안 되었는데 제가 할 수 있을까요?
> 선생님: 그럼요. 헨드라 씨 한국어 실력이면 충분해요. 말하기 발표 내용을 써 오면 제가 연습을 도와줄게요.
> 헨드라: 네. 그럼, 한번 해볼게요.
> 선생님: 주제는 한국 유학 생활이고 3분 정도 말하면 돼요.

1) 헨드라 씨는 무슨 행사에 참가할 거예요? Hendra, what contest are you going to participate in?

2) 읽은 내용과 맞는 것을 고르세요. Choose the correct answer for what you read.

① 말하기 대회는 다음 달에 열려요.
② 헨드라 씨는 한국에서 1년 이상 살았어요.
③ 두 사람은 말하기 대회를 같이 연습했어요.
④ 말하기 대회 발표 주제는 아직 알 수 없어요.

말하기, 쓰기
Speaking and Writing

1 여러분 나라에는 무슨 축제가 있어요? 여러분 나라에서 열리는 재미있고 특별한 축제를 소개해 보세요.
What kind of festivals are there in your country? Introduce the festivals that are held in your country.

1) 축제 이름은 무엇입니까?
2) 축제는 언제, 어디에서 열립니까?
3) 축제가 열리는 이유(역사)는 무엇입니까?
4) 축제에는 무슨 볼거리, 먹을거리, 즐길거리가 있습니까?

보기

한국에는 재미있고 특별한 축제가 많습니다. 그 중에서 서울 종로구에서 열리는 '한복 축제'를 소개합니다. 한복 축제는 매년 9월 서울 종로구에서 열립니다. 한국의 전통 한복 전시회, 패션쇼, 공연 등이 있습니다. 그리고 한복을 살 수도 있습니다. 한국의 전통을 즐길 수 있는 한복 축제에 초대합니다.

_____

_____

_____

_____

제8과
Unit 8

콧물이 나고 열이 나요.
I have a runny nose and fever.

들어가기 / Introduction

1. 한국에 와서 아프거나 다친 적이 있어요?
   Have you ever got sick or injured in Korea?

2. 지금 가입한 유학생 보험은 얼마예요?
   How much is the health insurance of international students?

학습 목표 Learning objectives	병원에서 증상을 말하고 보험 서류를 요청할 수 있다.
주제 Topic	병원, 보험
사용 어휘 Vocabulary used	신체 증상, 보험 서류
사용 문법 Grammar used	-도록, -아/어/여 놓아요

대화 1
Dialogue 1

의사 : 들어오세요. 어디가 아프세요?

타오 : 콧물이 나고 열이 나요. 가끔 기침도 하고요.

의사 : 잠깐 볼까요? 목도 많이 부었네요. 감기에 걸린 것 같아요. 언제부터 이런 증상이 있었나요?

타오 : 이틀 전부터 그래요. 처음에는 콧물만 나왔는데 지금은 근육통까지 있는 것 같아요.

의사 : 일단 목이 빨리 낫도록 물을 많이 마시세요. 나가서 처방전 받아 가세요.

타오 : 네, 알겠습니다. 수고하세요.

| 증상 | 콧물 | 낫다 | 처방전 |
| symptom | runny nose | to recover | prescription |

이틀
two days

---

1) 타오 씨는 어디가 아파요?

2) 타오 씨는 언제부터 이런 증상이 있었어요?

3) 의사 선생님은 어떤 조언을 했어요?

어휘 1 - 증상
Vocabulary 1 - Symptom

두통
headache

복통
stomachache

치통
toothache

근육통
muscular pain

생리통
menstrual pain

열이 나다
to have a fever

목이 붓다
to have a swollen throat

콧물이 나오다
to have a runny nose

기침을 하다
to caugh

재채기가 나오다
to sneeze

식전
before a meal

식후
after meal

대화 2
Dialogue 2

간호사 : 타오 씨, 오늘 검사와 치료비는 50,000원입니다.
여기 서명해 주시고 처방전 받아 가세요.
그리고 다음 주 한 번 더 오셔야 되는데 언제 괜찮으세요?

타오 : 네, 목요일 2시가 좋을 것 같습니다.

간호사 : 그럼, 다음 주 목요일 2시로 예약해 놓겠습니다.

타오 : 보험금을 청구할 건데 보험 청구 관련 서류를 떼 주세요.

간호사 : 네, 잠깐 기다리세요. 여기 의료비 영수증과 진료내역서 있습니다.

타오 : 감사합니다. 수고하십시오.

검사	치료비 예약(하다)	보험	청구하다
inspection	to make reservation for medical treatment	insurance	to claim
서류	떼다	의료비	영수증
documents	to take off	medical expenses	receipt
진료내역서			
a medical statement			

---

1) 오늘 병원비는 얼마예요?

2) 타오는 다음 주 언제 예약을 했어요?

3) 보험금을 청구하려면 무슨 서류가 필요해요?

어휘 2 - 병원과 보험
Vocabulary 2 - Hospitals and Insurance

- 내과
  internal department
- 정형외과
  orthopaedics
- 안과
  ophthalmology
- 치과
  dentistry

- 알약
  pill
- 충치
  tooth cavity

- 접수하다
  to receive
- 대기하다
  to wait
- 진단하다
  to diagnose
- 깁스하다
  to wear cast
- 주사를 맞다
  to have an injection
- 링거(수액)를 맞다
  to get an IV
- 연고를 바르다
  to apply a salve

어휘 연습
Vocabulary practice

 알맞은 어휘를 연결하세요.
Match the correct vocabulary.

1) 열이 나다 • • to caugh

2) 기침을 하다 • • to sneeze

3) 재채기가 나오다 • • to have a fever

4) 코가 막히다 • • to have a swollen throat

5) 목이 붓다 • • have a stuffy nose

다음 문장에 알맞은 단어를 쓰세요.
Write the appropriate word for the following sentences.

| 두통 | 검사 | 식후 |
| 처방전 | 떼다 | 예약하다 |

---

1) 이 약은 _____ 30분에 드세요.

2) 보험 관련 서류를 _____ 서 가지고 오세요.

3) 그 식당은 항상 사람이 많으니까 _____ 야 해요.

4) 열이 많이 나서 독감 _____ 를 해 봐야 할 것 같아요.

5) 약국에서는 _____ 이 있어야 약을 받을 수 있습니다.

6) 감기에 걸렸는데 열이 나고 _____ 이 심해서 약을 먹어야겠어요.

문법 표현 1
Grammar expression 1

-도록

> **1** 동사 뒤에 붙어서 행동에 대한 목적을 나타낼 때 사용한다.
> Used after a verb to indicate the purpose of action.
>
> - 받침 O + -도록
>   - → 찾다 + -도록 = 찾도록   예) 아이가 깨지 않도록 조용히 해 주세요.
>
>   받침 X + -도록
>   - → 가다 + -도록 = 가도록   예) 잘 보이도록 크게 써 주세요.
>
> ★ '-도록'은 일부 형용사에만 사용된다
>   '-도록' is only used for some adjectives.
>   - → 아이들이 이용하기 편리하도록 만들어 주세요.

	-도록		-도록
먹다		보다	
입다		쓰다	
살다		말하다	
듣다		공부하다	

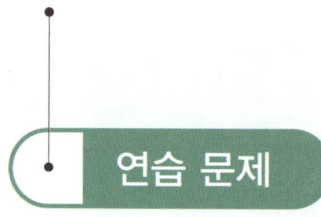

<보기>와 같이 문장을 완성하세요.
Complete the sentences as shown in <보기>.

> 보기
>
> 사람들이 다 들을 수 있다 + 크게 말해 주세요
>
> → 사람들이 다 들을 수 있도록 크게 말해 주세요.

1) 잘 보이다 + 크게 써 주세요

→ _____.

2) 몸이 빨리 낫다 + 푹 쉬세요

→ _____.

3) 아이가 자신감을 가질 수 있다 + 칭찬해 주세요

→ _____.

4) 실수하지 않다 + 열심히 연습하겠습니다

→ _____.

문법 표현 2
Grammar expression 2

-아/어/여 놓아요

1. 동사 뒤에 붙어서 어떤 행동이 끝나고 그것이 계속 될 때 사용한다.
   Indicates that an action has ended and it continues.

   - ㅏ, ㅗ + -아 놓아요

      → 사다 + -아 놓아요 = 사 놓아요 → 보다 + -아 놓아요 = 봐 놓아요

      ㅏ, ㅗ X + -어 놓아요

      → 읽다 + -어 놓아요 = 읽어 놓아요 → 열다 + -어 놓아요 = 열어 놓아요

   하다 + -여 놓아요

      → 청소하다 + -여 놓아요 = 청소하여 놓아요 → 청소해 놓아요
      → 좋아하다 + -여 놓아요 = 좋아하여 놓아요 → 좋아해 놓아요

   예) 내일 집들이가 있어서 재료를 미리 사 놓았어요.
      창문을 열어 놓고 자서 감기에 걸렸어요.

   ★ '-아/어/여 놓다'는 이동 동사(가다, 오다, 도착하다)의 동사와는 잘 어울리지 않는다.
      '-아/어/여 놓다' does not go well with mobile verbs (go, come, arrive).

	-아 놓아요		-어 놓아요		해 놓아요
닫다		열다		연락하다	
찾다		빌리다		계산하다	
사다		켜다		설명하다	
자다		*끄다		생각하다	

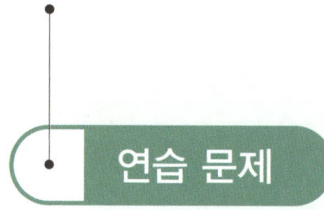

연습 문제

'-아/어/여 놓다'와 <보기>를 사용해서 문장을 완성하세요.
Complete the sentences.

> 보기
>
> 사다   열다   예매하다   청소하다

1) 이번 주말에 볼 영화를 미리 _____.

2) 오늘 김밥을 만들려고 어제 김밥 재료를 미리 _____.

3) 화장실은 제가 이미 _____ 깨끗해요.

4) 어젯밤에 창문을 _____ 잠이 들어서 감기에 걸렸어요.

읽기
Reading

1. 다음 글을 읽고 맞으면 O, 틀리면 X 하세요.
Read the following article choose O if correct, choose X if wrong.

> 독감을 예방하는 방법에 대해 말씀드리겠습니다. 첫째, 손을 항상 깨끗이 씻어야 합니다. 독감 바이러스는 손을 통해 전염이 많이 되기 때문입니다. 둘째, 기침을 하시는 분들은 외출할 때 반드시 마스크를 써야 합니다. 셋째, 과일을 많이 드시는 것이 좋습니다. 과일에는 비타민 C가 많이 들어있어서 예방에 도움이 됩니다.

1) 독감은 손을 통해 전염이 많이 됩니다. O X
2) 기침을 하면 외출할 때 마스크를 써야 합니다. O X
3) 독감을 예방하기 위해 비타민 C를 먹지 않는 것이 좋습니다. O X

2. 다음을 읽고 물음에 대답하세요.
Read the following and answer the questions.

> 의사 : 어디가 불편하시죠?
> 헨드라 : 며칠 전부터 어금니가 아프고 피도 나요.
> 의사 : 어느 쪽이죠?
> 헨드라 : 오른쪽 위에요.
> 의사 : 아 한번 해보세요. 입을 좀 크게 벌리세요. 어금니가 썩고 잇몸도 많이 부었네요.
> 헨드라 : 네, 잇몸도 많이 아팠어요.
> 의사 : 오늘 충치 치료를 하고 다음 주에 잇몸 치료도 해야 합니다.

1) 여기는 어디예요? Where are we?

2) 읽은 내용과 맞는 것을 고르세요. Choose the correct answer for what you read.

① 헨드라는 왼쪽 이가 아파요.
② 헨드라 씨는 오늘 잇몸 치료를 해요.
③ 헨드라 씨는 충치와 잇몸을 치료해야 해요.
④ 헨드라 씨는 다음 주에 치과를 가지 않아도 돼요.

| 전염되다 | 예방하다 | 어금니 | 잇몸 | 이가 썩다 |
| to be contagiuos | to prevent | molar | gum | to have a decaying tooth |

124

말하기, 쓰기
Speaking and Writing

1 다음의 건강을 위한 내용을 읽고 스스로 ✓표시해 보세요. 그리고 자신만의 건강을 지키기 위한 방법을 써 보도록 하세요.
Read the following health instructions and mark yourself.
And write ways to take care of your own health.

건강, 건강할 때 지키자
건강을 위해 여러분은 어떤 것을 하고 있습니까?
생활 속에서 자신에게 해당하는 것을 찾아보십시오.

- ☑ 항상 피곤하다.
- ☐ 조금만 걸어도 힘들다.
- ☐ 아침을 잘 먹지 않는다.
- ☐ 밤에 음식을 자주 먹는다.
- ☐ 몸무게가 최근 많이 늘었다.
- ☐ 건강 검진을 받은 적이 없다.
- ☐ 규칙적으로 하는 운동이 없다.
- ☐ 휴일에는 하루 종일 누워 있다.
- ☐ 하루에 커피를 2잔 이상 마신다.
- ☐ 인스턴트 음식을 주 3회 이상 먹는다.

0~3개 : 건강한 편, 바른 생활 습관을 유지하세요.
4~7개 : 건강을 지키기 위해 노력을 시작해야 합니다.
8~10개: 건강에 좋지 않은 습관이 많습니다. 전문가를 만나 상담을 받으세요.

_____

_____

_____

제9과
Unit 9

우리 조 모임 역할을 정해요.

Let's decide on the role of the group.

들어가기
Introduction

1. 수업에서 발표를 해 본 적이 있어요?
   Have you ever done presentation for a class?

2. 조 모임에서 여러분은 무슨 역할을 하고 싶어요?
   What role would you like to have in the group meeting?

학습 목표 Learning objectives	수업에서 조 모임을 하고 발표를 할 수 있다.
주제 Topic	발표
사용 어휘 Vocabulary used	조 모임, 역할
사용 문법 Grammar used	-자마자, -(으)ㄹ 테니까

대화 1
Dialogue 1

교수님 : 자, 그럼, 오늘 수업은 여기까지 하겠습니다.

그리고 오늘은 공지가 있습니다. 다음 주부터 조 발표를 할 예정입니다.

각각 4명씩 조를 만들어서 발표를 할 거예요.

그러니까 조원들은 각각 할 일을 정해서 준비를 하세요.

조 발표가 끝나자마자 다른 학생들이 질문을 할 거예요.

그래서 여러분들이 미리 질문을 예상하고 준비해야 해요.

조를 정하고 역할을 나눈 다음에 저에게 알려 주세요.

주제는 오늘 저녁에 e-class에 올릴 거니까 확인하세요.

공지	예정	각각	정하다
to notice	schedule	each	to decide
주제	조원	역할	
theme	team member	role	

1) 조 발표는 언제 시작해요?

2) 조원은 몇 명이에요?

3) 발표 주제는 어디에서 확인할 수 있어요?

어휘 1 - 조 모임
Vocabulary 1 - A group meeting

- 과제 task
- 자료 material

- 질문 question
- 답변 answer
- 피드백 feedback
- 스케줄 schedule

- 나누다 to divide
- 올리다 to raise
- 공유하다 to share
- 연기하다 to act
- 참여하다 to take part
- 예상하다 to forecast

대화 2
Dialogue 2

왕지홍 : 헨드라 씨, 이따가 우리 발표 차례예요. 발표 연습은 많이 했어요?

헨드라 : 네, 연습을 많이 했지만 조금 긴장되고 걱정돼요.

발표가 끝나고 교수님과 학생들 질문도 있을 텐데 걱정이에요.

왕지홍 : 제가 도와줄 테니까 걱정하지 마세요.

발표가 끝나고 질문이 들어오면 제가 대답할게요.

(발표 후)

왕지홍 : 헨드라 씨, 발표를 정말 잘했어요. 덕분에 좋은 점수를 받을 수 있을 거예요.

헨드라 : 고마워요. 왕지홍 씨가 PPT를 잘 만들어 줘서 잘할 수 있었어요.

이따가	차례	긴장되다	덕분에
a little laterr	turn	to be nervous	thanks to
점수	제출하다	PPT	
score	to submit	PowerPoint	

---

1) 헨드라 씨는 무엇을 걱정해요?

2) 왕지홍 씨는 무엇을 만들었어요?

3) 교수님과 학생들의 질문에 누가 대답할 거예요?

어휘 2 - 발표
Vocabulary 2 - Presentation

- 청중 audience
- 발표자 presenter
- 소감 thoughts
- 슬라이드 slide

- 내려가다 to go down
- 전달하다 to deliver
- 자연스럽다 natural
- 박수를 치다 to applaud
- 요약하다 to summarise
- 참고하다 to refer to
- 앞에 나가다 go up front
- 자신감을 가지다 to be confident

어휘 연습
Vocabulary practice

1 알맞은 어휘를 연결하세요.
Match the correct vocabulary.

1) 자료 • • schedule

2) 청중 • • feedback

3) 피드백 • • material

4) 자연스럽다 • • natural

5) 스케줄 • • to applaud

6) 박수를 치다 • • audience

다음 문장에 알맞은 단어를 쓰세요.
Write the appropriate word for the following sentences.

| 과제 | 발표자 | 덕분에 |
| 요약하다 | 긴장되다 | 연기하다 |

1) 오늘 _____ 는 다음 주까지 제출하세요.

2) 팀원들 _____ 발표를 잘해서 좋은 점수를 받았습니다.

3) 지금까지 나온 의견을 짧게 _____ 해 주세요.

4) 오늘 회의는 내일로 _____. 내일 다시 뵙겠습니다.

5) _____ 는 듣는 사람의 표정을 보면서 발표하는 것이 좋아요.

6) 사람들 앞에서 발표하면 떨리고 _____.

문법 표현 1
Grammar expression 1

-자마자

> 동사 뒤에 붙어서 과거 경험을 표현한다.
> Indicates past experience attaching to the verb.
>
> - 받침 O + -자마자
>
>   → 먹다 + -자마자 = 먹자마자   → 찾다 + -자마자 = 찾자마자
>
>   받침 X + -자마자
>
>   → 가다 + -자마자 = 가자마자   → 하다 + -자마자 = 하자마자
>
>   예) 밥을 먹자마자 TV를 봐요.
>   　　시간이 없어서 수업이 끝나자마자 집에 갔어요.
>
> ★ '-고 바로, -은 후에 바로'와 의미가 같다.
> 　'-고 바로, -은 후에 바로' has similar meaning.

	-자마자		-자마자
먹다		쓰다	
앉다		말하다	
받다		빌리다	
열다		바꾸다	

<보기>와 같이 문장을 완성하세요.
Complete the sentences as shown in <보기>.

> 보기
>
> 밥을 다 먹다 + 이를 닦았어요
> → 밥을 다 먹자마자 이를 닦았어요.

1) 책을 펴다 + 잠이 들었어요

   → _____.

2) 일이 끝나다 + 집에 갔어요

   → _____.

3) 집에 들어오다 + 텔레비전을 켰어요

   → _____.

4) 일어나다 + 밥을 먹었어요

   → _____.

문법 표현 2
Grammar expression 2

-(으)ㄹ 테니까

I 동사 뒤에 붙어서 앞에는 의지나 추측을 말하고, 뒤에는 청자에게 요청(명령, 부탁)한다.
Attached to a verb and states a will or guess before and makes a request (imperative, favor) to the listener.

- 받침 O + -을 테니까

  → 먹다 + -을 테니까 = 먹을 테니까   → 찾다 + -을 테니까 = 찾을 테니까

  받침 X + -ㄹ 테니까

  → 가다 + -ㄹ 테니까 = 갈 테니까   → 하다 + -ㄹ 테니까 = 할 테니까

  예) 나는 청소를 할 테니까 너는 설거지를 해.

★ 형용사에 붙으면 추측의 의미를 나타낸다.
When attached to an adjective, it indicates the meaning of a guess.

  → 이 옷을 입으면 예쁠 테니까 사세요.

'-(으)ㄹ 테니까'는 '-(으)ㄹ 테니'로 줄여서 쓸 수 있다.
'-(으)ㄹ 테니까' has the short form '-(으)ㄹ 테니'.

	-을 테니까		-ㄹ 테니까
먹다		쓰다	
앉다		말하다	
* 걷다		* 열다	
* 덥다		* 만들다	

연습 문제

<보기>와 같이 '-(으)ㄹ 테니까'를 사용해서 문장을 완성하세요.
Complete the sentences as shown in <보기>.

> 보기
>
> (내가) 방을 청소하다 + (너는) 설거지를 하세요
> → 내가 방을 청소할 테니까 설거지를 하세요.

1) 내가 호텔을 찾다 + 비행기 표를 사세요

   → _____.

2) 나는 창문을 닦다 + 쓰레기통을 버리세요

   → _____.

3) 김치가 맵다 + 많이 먹지 마세요

   → _____.

읽기
Reading

1. 다음 글을 읽고 맞으면 O, 틀리면 X 하세요.

> 다음 주에 발표 수업이 있습니다. 저는 친구랑 같이 3조가 되었습니다. 친구는 자료를 찾고 저는 발표를 합니다. 사람들 앞에서 발표를 하면 저는 너무 긴장이 되고 떨립니다. 그래서 이번 주말에 친구들 앞에서 발표 연습을 할 겁니다. 많이 연습하면 잘 할 수 있습니다.

1) 저는 사람들 앞에서 발표하면 긴장합니다.   O   X
2) 다음 주에 친구와 같이 발표를 할 겁니다.   O   X
3) 주말에 친구들 앞에서 연습을 하려고 합니다.   O   X

2. 다음을 읽고 물음에 대답하세요.

> 왕지홍: 헨드라 씨, 학교 공모전이 있는데 관심이 있어요? 상금도 있어요.
> 헨드라: 네, 참가하고 싶어요. 무슨 공모전이에요?
> 왕지홍: 학교 캐릭터 이름을 정하는 공모전이에요. 캐릭터는 있으니까 어렵지 않아요. 같이 할래요?
> 헨드라: 좋아요. 그럼, 캐릭터를 보고 좋은 이름을 생각해 봐요. 언제까지 해야 해요?
> 왕지홍: 이번 달 말까지니까 우리 다음 주에 만나서 이야기해요.

1) 두 사람은 무슨 공모전에 참가하려고 해요? What kind of contest are you two going to participate in?

2) 읽은 내용과 맞는 것을 고르세요. Choose the correct answer for what you read.

   ① 이 공모전은 회사에서 해요.
   ② 이 공모전은 상금이 없어요.
   ③ 두 사람은 다음 주에 만날 거예요.
   ④ 두 사람은 학교 캐릭터를 그려야 해요.

말하기, 쓰기
Speaking and Writing

교양 한국어 | 제9과 우리 조 모임 역할을 정해요.

1 **여러분의 친구와 같이 발표 준비를 해 보세요.**
Get ready for the presentation with your friends.

보기

발표주제	한국의 유명 관광지
조 이름	관광가이드
조원 이름	왕지홍, 헨드라
조원 역할	**왕지홍** 자료 준비
	헨드라 인터뷰
발표 개요	한국에서 외국인이 가장 많이 가는 관광지를 찾아보고 관광객들에게 여러 가지 질문을 인터뷰하여 발표한다.

발표주제 _____

조 이름 _____

조원 이름 _____

조원 역할 _____ _____

　　　　　 _____ _____

　　　　　 _____ _____

발표 내용 _____

　　　　　 _____

　　　　　 _____

139

제10과
Unit 10

다음 주까지 과제를 제출하세요.
Submit the assignment by next week.

들어가기
Introduction

1. 수업에서 무슨 과제를 해 봤어요?
   What kinds of assignments did you have for classes?

2. 과제 작성 방법을 알고 있어요?
   Do you know how to write assignment?

학습 목표 Learning objectives	수업 과제를 제출할 수 있다.
주제 Topic	과제 제출
사용 어휘 Vocabulary used	과제 작성, 제출
사용 문법 Grammar used	-(으)ㄹ 수밖에 없어요, -는 바람에

대화 1
Dialogue 1

교수님 : 여러분, 오늘은 보고서가 있습니다.

주제는 여러분들이 직접 정해야 합니다.

너무 어려운 주제는 하지 마세요.

우리 학교 20명 이상 학생들에게 설문 조사하고 정리하세요.

다음 주 수업까지 A4 5장 이내로 만들어서 제출하세요.

여러분은 외국인이니까 설문 조사지가 어려울 수밖에 없어요.

하지만 한국어로 만들어 보세요.

도움이 필요하면 우리 학과 조교 선생님에게 요청하면 잘 도와줄 거예요.

| 설문 조사 | ~ 이내 | 이상 | 도움 |
| survey | within | more than | help |

보고서
report

---

1) 보고서는 언제까지 제출해요?

2) 몇 명에게 인터뷰해야 해요?

3) 누구에게 도움을 요청해요?

어휘 1 - 보고서
Vocabulary 1 - Report

교양 한국어 | 제10과 다음 주까지 과제를 제출하세요.

- 결과
  result
- 시험
  exam
- 결론
  conclusion
- 논문
  thesis
- 보고서
  report
- 분석하다
  analyze
- 목차
  table of contents
- 통계
  estimation
- 표지
  cover
- 그래프
  graph
- 참고 문헌
  reference
- 마감하다
  to finish

대화 2
Dialogue 2

타오 : 선생님, 안녕하세요? 몇 가지 질문이 있어서 왔어요.

조교 : 아까 전화했지요? 제가 늦게 오는 바람에 못 받았어요. 무슨 일이에요?

타오 : 저는 학생들의 졸업 후 계획에 대해서 조사하려고 해요.
그런데 제가 아는 사람이 없어서 설문 조사가 힘들어요.

조교 : 설문 조사는 제가 좀 도와줄 수 있어요. 몇 명한테 할 생각이에요?

타오 : 감사합니다. 한 20명 정도 필요해요.

조교 : 10명은 제가 소개해 줄 수 있어요. 링크(QR코드)가 있으면 보내 주세요.
요즘에는 인터넷으로 설문 조사를 많이 해요.

계속	마지막	내다	링크
continuance	last	to put	link
QR코드			
QR code			

---

1) 타오 씨는 왜 힘들어요?

2) 타오 씨의 설문 조사 주제는 뭐예요?

3) 타오 씨는 조교에게 무엇을 보낼 거예요?

어휘 2 - 성적
Vocabulary 2 - Grade

교양 한국어 | 제10과 다음 주까지 과제를 제출하세요.

졸업장
diploma

재학증명서
certificate of registeration

이수하다
to complete of a course of study

평가하다
to evaluate

입학하다
to enter a school

졸업하다
to graduate

성적
grade

학점
credit

수료
complete a course of study

평균
average

출결
student's attendance

성적표
report card

어휘 연습
Vocabulary practice

1 **알맞은 어휘를 연결하세요.**
Match the correct vocabulary.

1) 목차 • • analyze

2) 평균 • • cover

3) 표지 • • average

4) 졸업장 • • diploma

5) 분석하다 • • table of contents

6) 평가하다 • • to estimate

다음 문장에 알맞은 단어를 쓰세요.
Write the appropriate word for the following sentences.

| 결과 | 시험 | 학점 |
| 마지막 | 졸업하다 | 마감하다 |

---

1) 공부를 열심히 해서 시험 _____ 가 좋습니다.

2) 열심히 해서 좋은 _____ 을 받았어요. A+를 받았어요.

3) 오늘은 수업 _____ 날이에요. 내일부터 방학이에요.

4) 대학교를 _____ 면 회사에 취직할 생각입니다.

5) 보고서는 다음 주까지 _____. 제출하세요.

6) _____ 기간 동안 열심히 공부해야 해요.

문법 표현 1
Grammar expression 1

-(으)ㄹ 수밖에 없어요

> I 동사나 형용사 뒤에 붙는다. 다른 방법이나 가능성이 없을 때 사용한다.
> Attached to verb or adjective. Used when there is no possibility of other method.
>
> - 받침 O + -을 수밖에 없다
>
>   → 먹다 + -을 수밖에 없다 = 먹을 수밖에 없다
>
>   → 작다 + -을 수밖에 없다 = 작을 수밖에 없다
>
>   받침 X + -ㄹ 수밖에 없다
>
>   → 가다 + -ㄹ 수밖에 없다 = 갈 수밖에 없다
>
>   → 예쁘다 + -ㄹ 수밖에 없다 = 예쁠 수밖에 없다
>
>   예) 지금 밥이 없어서 빵을 먹을 수밖에 없어요.
>
>   　　외국인에게 한국어는 어려울 수밖에 없어요.
>
> ★ 어떤 행위를 할 가능성이 매우 높을 때도 사용한다.
>   Used when the possibility of one action is high.
>   → 민수 씨도 공부를 할 수밖에 없을 거예요. 장학금을 받아야 하거든요.

	-을 수밖에 없다
먹다	
앉다	
받다	
*걷다	

	-ㄹ 수밖에 없다
쓰다	
말하다	
다르다	
*살다	

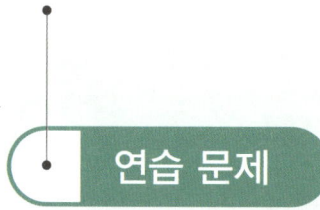

<보기>와 같이 문장을 완성하세요.
Complete the sentences as shown in <보기>.

보기

한국어를 못 하면 한국어 발표가 어렵다
→ 한국어를 못 하면 한국어 발표가 어려울 수밖에 없어요.

1) 공부를 안 하면 시험에서 낮은 점수를 받다

→ _____.

2) 몸이 아프면 아르바이트를 쉬다

→ _____.

3) 성공하기 힘들면 포기하다

→ _____.

문법 표현 2
Grammar expression 2

-는 바람에

> 동사 뒤에 붙는다. 앞에는 원인이고, 뒤에는 부정적인 결과를 표현할 때 사용한다.
> Attached to a verb. In the first part goes the reason, then goes negative result.
>
> - 받침 O + -는 바람에
>   - → 먹다 + -는 바람에 = 먹는 바람에
>   - → 찾다 + -는 바람에 = 찾는 바람에
>
>   받침 X + -는 바람에
>   - → 가다 + -는 바람에 = 가는 바람에
>   - → 하다 + -는 바람에 = 하는 바람에
>
> 예) 태풍이 오는 바람에 학교에 못 갔어요.
>
> 다리를 다치는 바람에 축구를 할 수 없어요.
>
> ★ '이유'를 표현하는 문법이다. 하지만 보통 부정적인 이유를 표현하다.
> It is a grammar that expresses '이유'. But it usually expresses negative reasons.

	-는 바람에
먹다	
앉다	
받다	
*열다	

	-는 바람에
자다	
사다	
쓰다	
말하다	

<보기>와 같이 '-는 바람에'를 사용해서 문장을 완성하세요.
Complete the sentences as shown in <보기>.

> 보기
>
> 눈이 많이 오다 + 학교에 못 갔어요
> → 눈이 많이 오는 바람에 학교에 못 갔어요.

1) 늦잠을 자다 + 수업에 지각했어요

   → _____.

2) 넘어지다 + 다리를 다쳤어요

   → _____.

3) 수업 시간에 늦다 + 택시를 탔어요

   → _____.

4) 휴대폰을 잃어버리다 + 연락을 못 했어요

   → _____.

읽기
Reading

1 **다음 글을 읽고 맞으면 O, 틀리면 X 하세요.**
Read the following article choose O if correct, choose X if wrong.

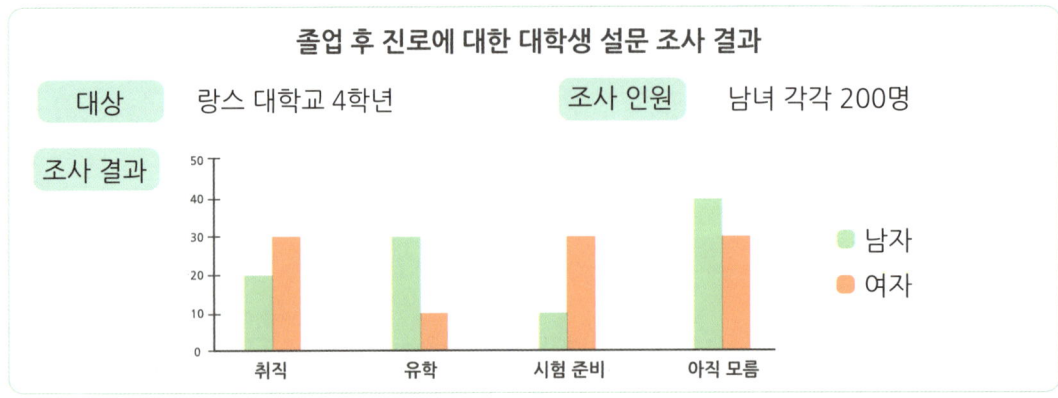

1) 설문 조사 인원은 모두 200명입니다.　　　O　X

2) '아직 모름'은 남자가 더 많습니다.　　　O　X

3) 졸업 후 유학은 남자가 여자보다 적습니다.　　O　X

2 **다음을 읽고 물음에 대답하세요.**
Read the following and answer the questions.

> 마지덥 : 타오 씨, 졸업 논문 준비하고 있어요?
> 타오　 : 아니요. 아직 주제도 못 정했어요. 마지덥 씨는요?
> 마지덥 : 저는 경제학을 전공하고 있으니까 주식에 대해 쓰려고요.
> 타오　 : 주식이요? 너무 어렵지 않아요? 어떻게 쓸 거예요?
> 마지덥 : 아직 잘 모르겠어요. 먼저 요즘 주식과 경제에 대해 정리해야죠.
> 타오　 : 그래도 주제를 정했으니 잘 쓸 수 있을 거예요.

1) 마지덥 씨의 논문 주제는 뭐예요?   What is the topic of your thesis?

2) 읽은 내용과 맞는 것을 고르세요.   Choose the correct answer for what you read.

　① 마지덥 씨는 경제학을 전공해요.
　② 타오 씨는 주식을 쉽게 생각해요.
　③ 마지덥 씨는 논문을 이미 다 썼어요.
　④ 타오 씨는 마지덥 씨의 논문 주제는 같아요.

주식　　　　　　경제
stock　　　　　 economy

말하기, 쓰기
Speaking and Writing

1 통계 자료를 이용해 보고서를 다음과 같이 써 보세요.
Use the statistics to write a report as follows.

보기

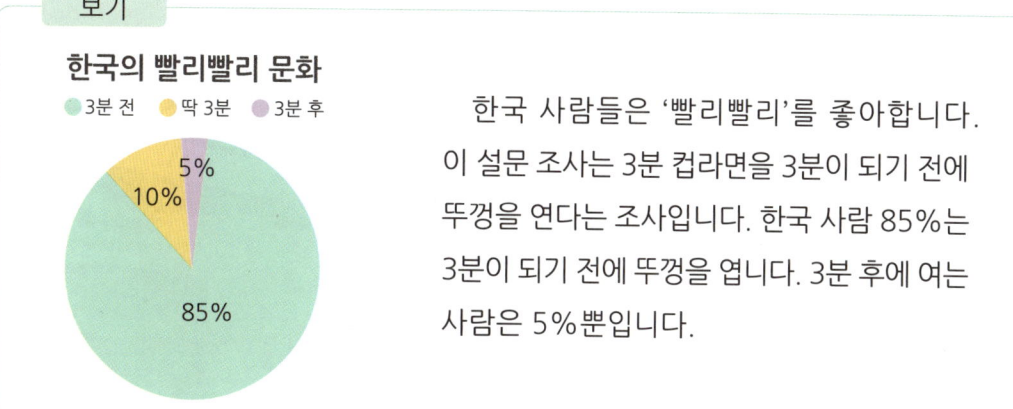

한국 사람들은 '빨리빨리'를 좋아합니다. 이 설문 조사는 3분 컵라면을 3분이 되기 전에 뚜껑을 연다는 조사입니다. 한국 사람 85%는 3분이 되기 전에 뚜껑을 엽니다. 3분 후에 여는 사람은 5%뿐입니다.

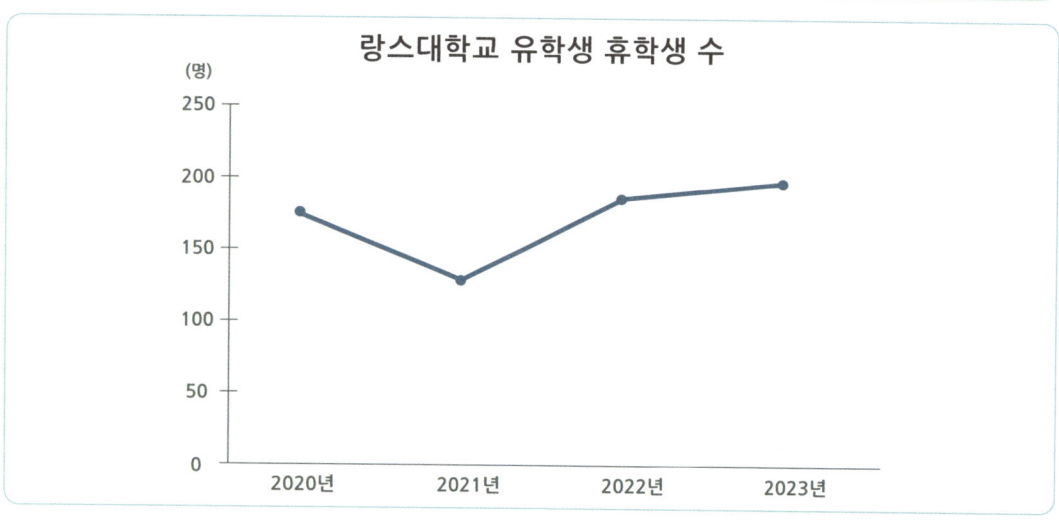

제11과
Unit 11

통장을 만들고 싶어요.

I want to make a bank book.

들어가기
Introduction

1. 한국에서 무슨 공공기관을 이용해 본 적이 있어요?
   What government offices did you go to in Korea?

2. 여러분 나라에는 무슨 신분증이 있어요?
   What adentification cards are there in your country?

학습 목표 Learning objectives	공공기관 업무를 이해하고 이용할 수 있다.
주제 Topic	공공기관 업무
사용 어휘 Vocabulary used	은행, 주민 센터
사용 문법 Grammar used	-(으)려면, -다가

155

대화 1
Dialogue 1

마지덥 : 안녕하세요? 저는 외국인인데 통장을 만들고 싶어서 왔어요.

은행원 : 네, 안녕하세요. 외국인등록증이나 여권을 가져오셨어요?

마지덥 : 네, 여권 여기 있어요.

은행원 : 본인 확인하겠습니다. 동장을 만들려는 목적이 뭐예요?

마지덥 : 한국에서 유학을 하고 있는데 생활비를 편하게 사용하려고요.

은행원 : 네, 알겠습니다. 여기 몇 가지 서류를 작성하신 다음에 만들어 드리겠습니다.

마지덥 : 감사합니다. 여기서 작성하면 되나요?

은행원 : 네, 다 쓰고 알려주시면 됩니다. 쓰다가 모르면 질문하세요.

통장	문서	외국인 등록증	작성하다
bank book	document	certificate of alien registration	to fill in
본인	목적	유학	생활비
self	purpose	study abroad	the cost of living

1) 마지덥 씨는 왜 은행에 왔어요?

2) 외국인이 통장을 만들려면 무엇이 필요해요?

3) 마지덥은 씨가 통장을 만드는 목적은 뭐예요?

어휘 1 - 은행
Vocabulary 1 - Bank

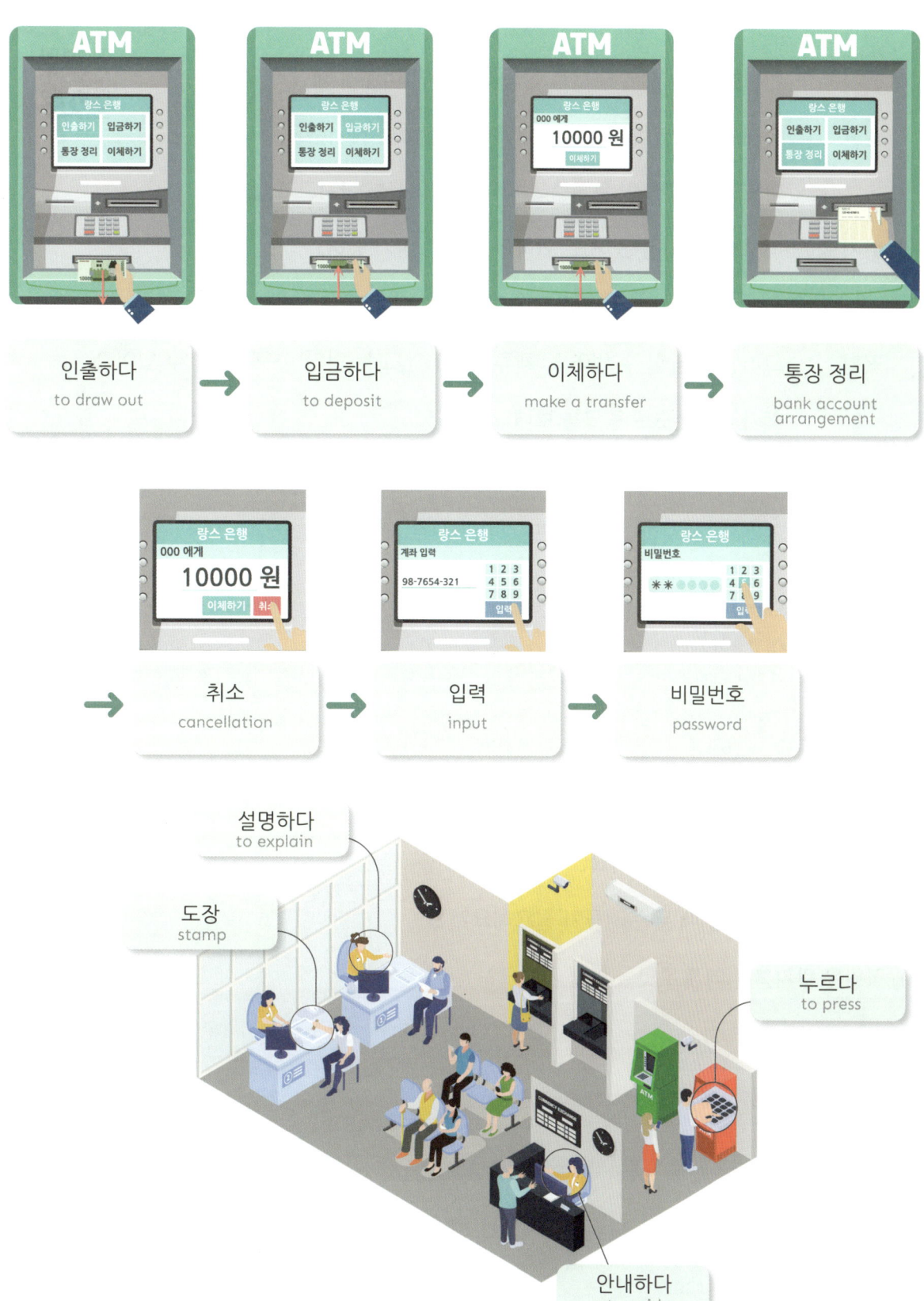

대화 2
Dialogue 2

왕지홍: 안녕하세요? 체류지 변경 신고를 하려면 어떻게 해야 해요?

직원: 언제 이사하셨어요? 15일 내에 신고를 해야 하거든요.

아, 그리고 외국인 등록증과 임대차 계약서를 가지고 오셨지요?

왕지홍: 네, 어제 이사를 왔어요. 외국인 등록증 여기 있어요.

임대차 계약서는 안 가지고 왔어요.

직원: 그러면 지금 할 수 없어요. 체류지 변경 신고는 인터넷으로도 할 수 있어요.

제가 휴대폰으로 링크를 보내드릴게요.

이 설명서를 보고 링크에 들어가서 하면 돼요.

왕지홍: 그래요? 감사합니다. 그러면 인터넷으로 제가 할게요.

체류지 변경 신고
notification of changing place of stay

신고
declaration

임대차 계약서
a lease agreement

설명서
instructions

---

1) 왕지홍 씨는 언제 이사를 했어요?

2) 체류지 변경 신청할 때 무슨 서류가 필요해요?

3) 직원은 왕지홍 씨에게 무엇을 보낼 거예요?

어휘 2 - 주민 센터
Vocabulary 2 - Community service center

전입
moving in

전출
moving out

방문
visit

대리인
agent

봉사하다
to volunteer

안내하다
to guide

발급하다
to issue

국적
nationality

외국인 등록증
certificate of alien registration

시청
city hall

구청
district office

주민 센터
community service center

어휘 연습
Vocabulary practice

1 알맞은 어휘를 연결하세요.
Match the correct vocabulary.

1) 안내 • • to deposit

2) 도장 • • moving in

3) 전입 • • to guide

4) 입금하다 • • stamp

5) 취소하다 • • to check

6) 확인하다 • • to cancel

다음 문장에 알맞은 단어를 쓰세요.
Write the appropriate word for the following sentences.

| 대리인 | 비밀번호 | 누르다 |
| 이체하다 | 설명하다 | 신고하다 |
---

1) 교수님 말씀을 이해 못했어요. 다시 _____ 주세요.

2) 고향에 계신 부모님에게 이 돈을 _____ 고 싶어요. 랑스 은행이에요.

3) 지갑을 잃어버리면 빨리 경찰에 _____ 야 해요.

4) 꼭 본인이 가야 해요? _____ 이 가면 안 돼요?

5) 통장 _____ 를 잃어버렸어요. 다시 만들게요.

6) 입금 버튼을 _____. 그 다음에 돈을 넣으세요.

문법 표현 1
Grammar expression 1

-(으)려면

I 동사 뒤에 붙어서 화자가 하고 싶은 것을 말하고 뒤에는 필요한 조건을 말한다.
Attached to verb it shows what the speaker wants to do, and after that, it states necessary conditions.

- 받침 O + -으려면

  → 먹다 + -으려면 = 먹으려면   → 찾다 + -으려면 = 찾으려면

  받침 X + -려면

  → 가다 + -려면 = 가려면   → 하다 + -려면 = 하려면

  예) 좋은 성적을 받으려면 열심히 공부해야 해요.

  　　돈을 벌려면 일을 해야 해요.

★ '-고 싶으면'과 같다.
　 It's the same as '-고 싶으면'.

	-으려면		-려면
먹다		쓰다	
앉다		말하다	
찍다		*팔다	
*듣다		*만들다	

연습 문제

<보기>와 같이 문장을 완성하세요.
Complete the sentences as shown in <보기>.

> 보기
>
> 취직하다 + 면접 연습을 해야 해요
> → 취직하려면 면접 연습을 해야 해요.

1) 살을 빼다 + 운동해야 해요

   → _____.

2) 노래를 잘 부르다 + 연습해야 해요

   → _____.

3) 돈을 많이 벌다 + 일을 해야 해요

   → _____.

4) 시험에 합격하다 + 공부를 열심히 해야 해요

   → _____.

문법 표현 2
Grammar expression 2

-다가

I 동사 뒤에 붙어서 어떤 행동을 하는 중에 바로 다른 일이 생겼을 때 사용한다.
보통 그 다른 일이 결과가 된다.
Attached to verb it shows what the speaker wants to do, and after that, it states necessary conditions.

- 받침 O + -다가

  → 먹다 + -다가 = 먹다가   → 찾다 + -다가 = 찾다가

  받침 X + -다가

  → 가다 + -다가 = 가다가   → 하다 + -다가 = 하다가

  예) 공부를 하다가 잠을 잤어요.
  　　청소를 하다가 돈을 주웠어요.

★ 앞의 행동이 뒤에 일어난 일의 원인이 될 때 사용한다.
Used when a previous action is the cause of sth that happened later.
→ 축구를 하다가 다리를 다쳤어요.

	-다가
먹다	
앉다	
찍다	
받다	

	-다가
쓰다	
사다	
매다	
말하다	

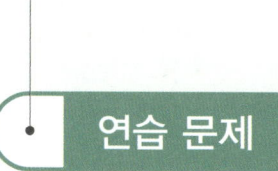

연습 문제

<보기>와 같이 '-다가'를 사용해서 문장을 완성하세요.
Complete the sentences as shown in <보기>.

> 보기
>
> 요리를 하다 + 손을 다쳤어요
> → 요리를 하다가 손을 다쳤어요.

1) 밥을 먹다 + 전화를 받았어요

   → _____.

2) 영화를 보다 + 눈물을 흘렸어요

   → _____.

3) 길을 가다 + 친구를 만났어요

   → _____.

4) 공부를 하다 + 잠을 잤어요

   → _____.

읽기
Reading

1 **다음 글을 읽고 맞으면 O, 틀리면 X 하세요.**
Read the following article choose O if correct, choose X if wrong.

> **학교 생활이 어렵습니까? 우리 학교 학생 상담실로 오세요!**
>
> 안녕하세요? 우리 학교 외국인 학생들을 위해서 우리 학교는 많은 서비스를 제공하고 있습니다. 학교 생활에 문제가 있거나 고민이 있으면 언제든지 오세요. 한국어를 아직 잘 못합니까? 걱정하지 말고 오세요. 영어, 중국어, 베트남어 등 여러 나라 언어로 상담이 가능하니 한국어를 잘 못해도 괜찮습니다. 여러분을 기다리고 있습니다.
>
> 본관 205호. 전화번호 02-123-5678

1) 학생 상담실은 학교 본관에 있습니다. O X
2) 학생 상담실은 한국인 학생만 이용 가능합니다. O X
3) 학생 상담실은 여러 나라 언어로 대화할 수 있습니다. O X

2 **다음을 읽고 물음에 대답하세요.**
Read the following and answer the questions.

> 헨드라: 왕지홍 씨, 비자 연장 했어요?
> 저는 다음 주에 비자 연장하러 출입국관리사무소에 가요.
> 왕지홍: 그래요? 저는 작년에 했어요. 서류 준비는 다 했어요?
> 헨드라: 무슨 서류가 필요해요? 저는 처음이라서 잘 모르겠어요.
> 왕지홍: 여권하고 외국인등록증, 재학증명서, 성적증명서 등 준비할 게 많아요.
> 헨드라: 그렇네요. 그 서류를 어디에서 받아야 해요?
> 왕지홍: 우리 학교 본관에 가서 받으면 돼요.

1) 헨드라 씨는 다음 주에 무엇을 해요? What is Hendra doing next week?

2) 읽은 내용과 맞는 것을 고르세요. Choose the correct answer for what you read.

① 왕지홍 씨는 올해 비자를 연장해요.
② 헨드라 씨는 두 번째 비자 연장이에요.
③ 헨드라 씨는 비자 연장 서류를 준비했어요.
④ 비자를 연장하려면 출입국관리사무소에 가야 해요.

말하기, 쓰기
Speaking and Writing

 아래 신청서를 작성해 보세요.
Please fill out the application form below.

비자 통합 신청서

[ ] 외국인 등록	[ ] 체류자격 외 활동허가	(희망 자격 :)	사진 여권용 사진(35X45mm)
[ ] 등록증 재발급	[ ] 근무처 변경·추가허가 / 신고		
[ ] 체류기간 연장허가	[ ] 체류지 변경신고 ALTERATION OF RESIDENCE		

성명	성		명	
생년월일	년 월 일	성 별	[ ] 남 M [ ] 여 F	국적
외국인등록번호				
여권번호		여권 발급일자		여권 유효기간
대한민국 내 주소				
전화번호		휴대전화		
본국 주소			전화번호	
재학 여부	미취학[ ], 초[ ], 중[ ], 고[ ]	학교 이름		전화번호
	학교 종류	교육청 인가[ ], 교육청 비인가, 대학학교[ ]		
근무처	원 근무처	사업자등록번호		전화번호
	예정 근무처	사업자등록번호		전화번호
연 소득금액		만원		직업
재입국 신청 기간		전자우편		

제12과
Unit 12

'좋아요'를 눌러 주세요.
Please, click 'like'.

들어가기 / Introduction

1. 휴대폰에 무슨 어플리케이션이 있어요?
   What apps do you have in your phone?

2. 자주 사용하는 SNS가 있어요?
   What SNS do you often use?

학습 목표 / Learning objectives	인터넷 문화 용어를 알고 사용할 수 있다.
주제 / Topic	인터넷 문화
사용 어휘 / Vocabulary used	SNS, 인터넷
사용 문법 / Grammar used	-(으)ㄴ/는 척해요, -았/었/였더니

대화 1
Dialogue 1

마지덥: 헨드라 씨, 이거 봤어요? 외국인 유학생이 한국 문화를 알면서 모르는 척하는 영상인데 조회 수가 높고 인기가 많아요. 진짜 웃겨요.

헨드라: 이 사람 영상은 몇 번 봤는데 이건 못 봤어요. 한국어도 잘하고 영상 편집도 잘하더라고요.

마지덥: 맞아요. 요즘은 이렇게 SNS에 재미있는 영상이 많아요. 저도 한번 해 보고 싶어요.

헨드라: 주제는 무엇으로 할 거예요?

마지덥: 저는 유학생이니까 한국 생활이나 대학 생활에 대해 해 볼까 해요.

헨드라: 외국인도 많이 보니까 영어와 한국어 자막도 필요해요.

마지덥: 네, 외국어 자막도 넣을게요.

영상	조회 수	업로드하다	편집
video	amount of views	to upload	to addit
자막	자동	구독하다	넣다
subtitles	automatic operation	to subscribe to	to put

1) 마지덥 씨는 무엇을 하고 싶어 해요?
2) 마지덥 씨 영상의 주제는 뭐예요?
3) 영상에 외국어 자막이 왜 필요해요?

어휘 1 - 인터넷 문화
Vocabulary 1 - Internet culture

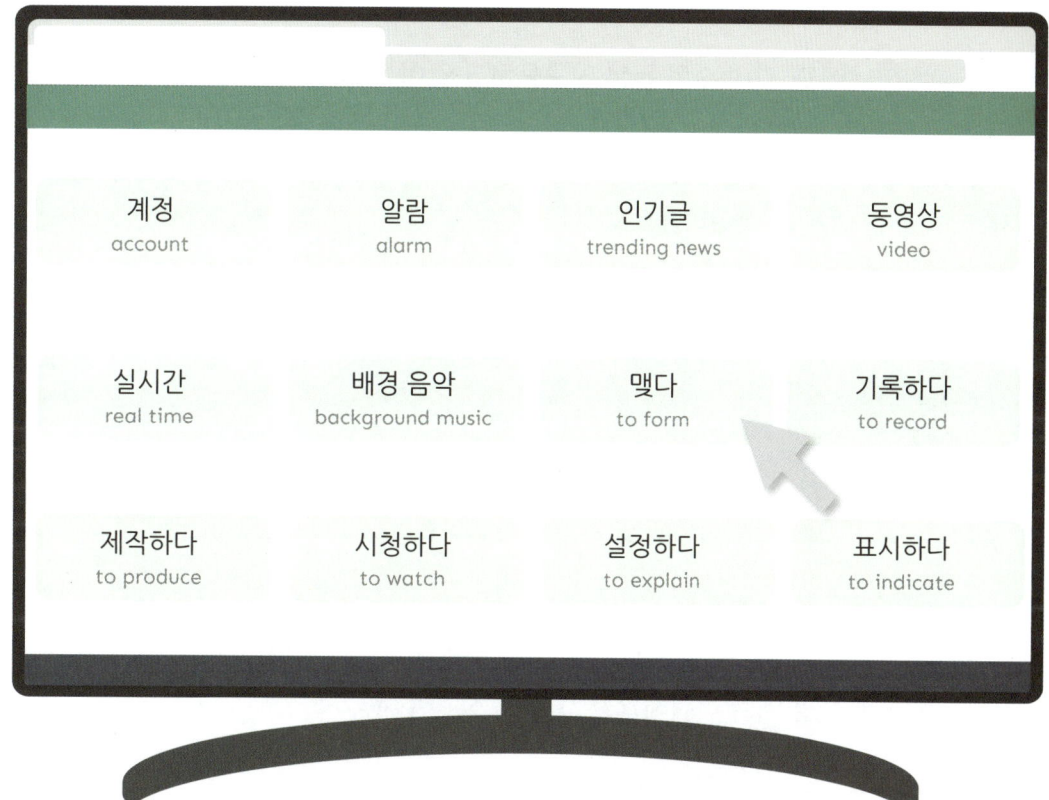

대화 2
Dialogue 2

왕지홍 : 타오 씨, 자주 사용하는 SNS 있어요?

타오 : 네, 왕지홍 씨도 있어요? 우리 서로 친구 할까요?

왕지홍 : 그래요. 우리 지난번에 드라마 촬영 장소에 가서 찍은 사진 올렸어요.

'좋아요' 눌러 주세요.

타오 : 그래요. 한번 볼게요. 우와, 이 사진은 정말 잘 나왔어요.

그리고 왕지홍 씨의 친구가 정말 많네요. 인기가 많아요. 부러워요.

왕지홍 : 아니에요. 같이 수업 듣는 친구들하고 같이 서로 친구 맺었더니 많아졌어요.

타오 : 왕지홍 씨도 저랑 친구 해주세요.

왕지홍 : 네, 이게 제 아이디예요.

SNS Social Network Service	사용하다 to use	찍다 to stamp/print	올리다 to raise
누르다 to push	인기 popularity	부럽다 to be envy	

---

1) 왕지홍 씨는 무슨 사진을 올렸어요?

2) 타오 씨는 왕지홍 씨를 왜 부러워해요?

3) 왕지홍 씨는 누구랑 친구를 맺었어요?

어휘 2 - SNS
Vocabulary 2 - Social Network Service

소셜미디어
SNS

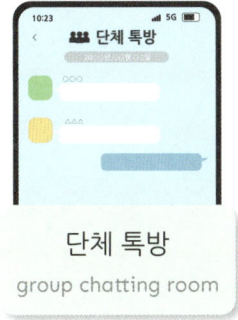
단체 톡방
group chatting room

공유
share

별점
star review

팔로우
follower

블로그
blog

해시태그
hashtag

채널
channel

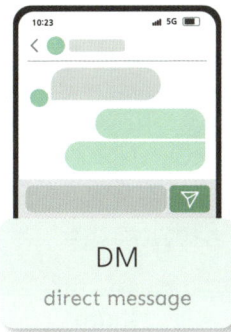
DM
direct message

삭제하다
to delete

댓글
comments

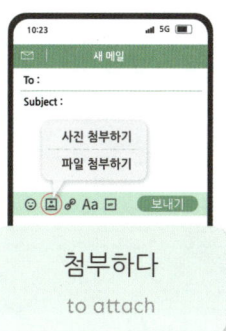
첨부하다
to attach

어휘 연습
Vocabulary practice

 알맞은 어휘를 연결하세요.
Match the correct vocabulary.

1) 알람 • • comments

2) 공유 • • alarm

3) 표시하다 • • to indicate

4) 별점 • • to attach

5) 첨부하다 • • star review

6) 댓글 • • share

2 다음 문장에 알맞은 단어를 쓰세요.
Write the appropriate word for the following sentences.

| 인기 | 블로그 | 찍다 |
| 삭제하다 | 시청하다 | 업로드하다 |

1) 소풍을 가서 예쁜 사진을 많이 _____.

2) 이 배우는 사람들에게 _____ 가 아주 많아요.

3) 어제 공원에서 찍은 영상을 SNS에 _____.

4) 이 사진을 _____? 아까워요. 다음부터 지우지 마세요.

5) 제 _____에 들어와서 댓글 좀 써 주세요.

6) 이 영상을 _____ 사람이 5백만 명이에요.

문법 표현 1
Grammar expression 1

-는/(으)ㄴ 척하다

1. 동사나 형용사 뒤에 사실은 아니지만 사실인 것처럼 다르게 말할 때 사용한다.
   Attached to verb or adjective and is used when you want to say sth differently, as if it was true even though it is not true.

   - 동사

     받침 O + -는 척하다

     → 먹다 + -는 척하다 = 먹는 척하다   → 찾다 + -는 척하다 = 찾는 척하다

     받침 X + -는 척하다

     → 가다 + -는 척하다 = 가는 척하다   → 하다 + -는 척하다 = 하는 척하다

   - 형용사

     받침 O + -은 척하다

     → 좋다 + -은 척하다 = 좋은 척하다

     받침 X + -ㄴ 척하다

     → 예쁘다 + -ㄴ 척하다 = 예쁜 척하다

     예) 아는 사람이지만 부끄러워서 모르는 척했어요.
         만나기 싫어서 시간이 없는 척했어요.

★ '-는 체하다'와 같은 문법이다.
   '-는 체하다' is similar grammar.
   → 공부하는 척해요. = 공부하는 체해요.

	-는 척하다
먹다	
자다	
공부하다	
*알다	

	-(으)ㄴ 척하다
많다	
나쁘다	
기쁘다	
착하다	

연습 문제

<보기>와 같이 '-(으)ㄴ/는 척하다'를 사용해서 문장을 완성하세요.
Complete the sentences as shown in <보기>.

> **보기**
>
> 숙제를 안 했지만 하다
> → 숙제를 안 했지만 한 척했어요.

1) 배가 안 아프지만 배가 아프다

   → _____.

2) 전혀 모르지만 부끄러워서 알다

   → _____.

3) 그 남자를 좋아하지만 안 좋아하다

   → _____.

4) 엄마에게 혼날까 봐 공부하다

   → _____.

문법 표현 2
Grammar expression 2

-았/었/였더니

1. 동사 뒤에 붙어서 과거의 사실이나 상황에 뒤이어 어떤 사실이나 상황이 일어남을 나타낼 때 사용한다. 이유를 표현하는 문법이다.
   Attached to verb to indicate that a certain fact or situation occurs following a fact or situation. This grammar expresses the reason.

   - ㅏ, ㅗ + -았더니

     → 찾다 + -았더니 = 찾았더니   → 가다 + -았더니 = 갔더니

     ㅏ, ㅗ X + -었더니

     → 먹다 + -었더니 = 먹었더니   → 웃다 + -었더니 = 웃었더니

     하다 + -였더니

     → 하다 + -였더니 = 하였더니 → 했더니

   예) 밥을 많이 먹었더니 배가 불러요.

   　　 달리기를 했더니 다리가 아파요.

	-았/었/했더니		-았/었/했더니
알다		웃다	
오다		먹다	
타다		만들다	
* 걷다		말하다	

<보기>와 같이 '-았/었/였더니'를 사용해서 문장을 완성하세요.
Complete the sentences as shown in <보기>.

> 보기
>
> 술을 마시다 + 머리가 아파요
> → 술을 마셨더니 머리가 아파요.

1) 일을 많이 하다 + 피곤해요

   → _____.

2) 일찍 일어나다 + 잠이 와요

   → _____.

3) 밥을 안 먹다 + 배가 너무 고파요

   → _____.

4) 집에 가다 + 동생이 없어요

   → _____.

읽기
Reading

 다음 글을 읽고 맞으면 O, 틀리면 X 하세요.
Read the following article choose O if correct, choose X if wrong.

SNS 활동을 하는 이유
- 1위 사람들과 소통하기 위해서
- 2위 자신을 알리기 위해서
- 3위 심심해서
- 4위 남들이 하기 때문에

1) 사람들과 소통하기 위해 SNS를 하는 이유가 가장 많습니다. O X

2) 심심하기 때문에 SNS를 하는 사람들이 가장 적습니다. O X

3) SNS를 하는 이유 2위는 자신을 알리기 위해서입니다. O X

 다음을 읽고 물음에 대답하세요.
Read the following and answer the questions.

지영: 저는 웹툰을 좋아해서 자주 보는데, 타오 씨도 웹툰을 봐요?
타오: 물론이에요. K-드라마, K-POP, K-웹툰이 인기가 많잖아요.
여러 나라 외국어로 번역이 되어서 해외에서도 많이 봐요.
지영: 맞아요. 내용이 재미있고 만화 그림도 좋아요.
타오 씨는 한국어를 잘 아니까 베트남어로 번역해 보세요.
타오: 제가 좋아하는 웹툰을 번역해서 소개하고 싶어요. 도전해 볼게요.

1) 두 사람은 무엇에 대해 이야기하고 있어요? What are you two talking about?

2) 읽은 내용과 맞지 않는 것을 고르세요. Read the following and choose the one is NOT mentioned.

① 지영 씨는 K-웹툰을 자주 봐요.
② 타오 씨는 K-웹툰을 번역했어요.
③ 해외에서도 K-웹툰을 많이 봐요.
④ K-웹툰은 재미있어서 인기가 많아요.

말하기, 쓰기
Speaking and Writing

1 **여러분은 무슨 영화나 드라마를 좋아해요? SNS에 소개해 보세요.**
What kind of movies and dramas do you like? Introduce them on SNS.

- 여러분이 좋아하는 영화에 대해 쓰고, '좋아요'로 별점을 표시해 보세요.

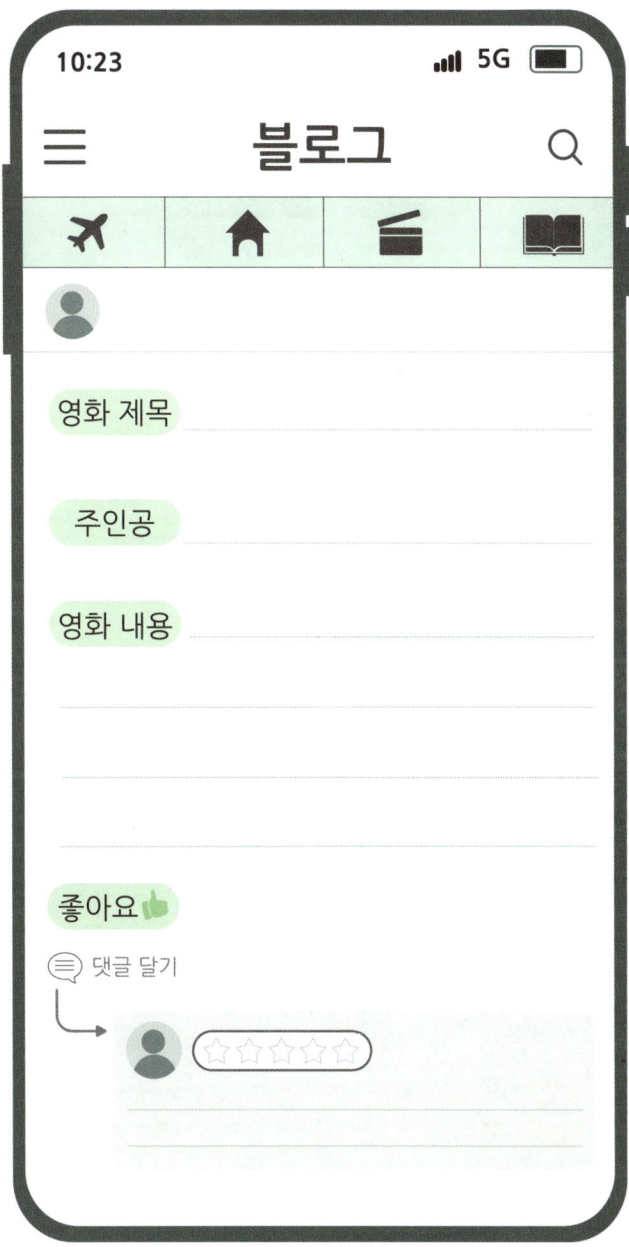

제13과
Unit 13

교수님, 상담할 게 있습니다.
Professor, I have something to discuss.

들어가기
Introduction

1. 여러분은 무슨 고민이 있어요?
   Do you have any concerns?

2. 친구에게 부탁을 할 때 어떻게 말해요?
   What do you say when you ask your friend for help?

학습 목표 Learning objectives	고민과 상담에 대한 내용을 이해하고 할 수 있다.
주제 Topic	상담하기
사용 어휘 Vocabulary used	고민, 부탁
사용 문법 Grammar used	-(으)ㄹ 때, -아/어/여도 돼요

대화 1
Dialogue 1

교수님 : 헨드라 씨, 무슨 일이에요? 상담을 신청했네요.

헨드라 : 네, 교수님. 제가 지난주에 고향에 다녀와서 과제를 다 못 했습니다. 죄송하지만 제출 기한을 늦춰도 될까요?

교수님 : 음, 지금 과제 제출 기간은 끝났어요. 특별히 헨드라 씨에게만 시간을 줄 수는 없어요.

헨드라 : 교수님, 저는 이번 학기에 장학금을 꼭 받고 싶은데 다른 해결 방법이 없을까요?

교수님 : 그러면 지난 과제도 제출하고 이 책을 읽고 요약해 오세요.

헨드라 : 네, 교수님. 부탁을 들어주셔서 감사합니다.

상담	해결 방법	기한	늦추다
consultation	solution	term	to delay
요약하다			
to sammarize			

---

1) 헨드라 씨는 왜 과제를 못 냈어요?

2) 헨드라 씨는 왜 교수님을 찾아 갔어요?

3) 교수님은 헨드라 씨에게 무슨 해결 방법을 줬어요?

어휘 1 - 상담
Vocabulary 1 - Consultation

- 의견, 견해
  opinion
- 주장
  assert
- 멘토
  mentor
- 멘티
  mentee
- 상담사
  counselor

- 부탁하다
  to request
- 조언하다
  to advise
- 해결하다
  to solve
- 고민하다
  to worry
- 지원하다
  to apply

- 의견을 밝히다
  to express the opinion
- 도움을 청하다
  to ask for help

대화 2
Dialogue 2

To. 교수님께

안녕하십니까? 저는 4학년 왕지홍이라고 합니다.

저는 곧 대학교를 졸업을 합니다. 그리고 저는 고향으로 돌아가서 취직을 하려고 합니다.

고향에는 한국 회사가 있는데 다음 달에 신입 사원을 뽑을 때

그 회사에 지원을 하고 싶습니다. 그 회사는 이력서와 함께 추천서가 필요합니다.

그래서 교수님께서 추천서를 한 장 써 주시기를 부탁드립니다.

추천서와 관련하여 필요한 내용이 있으면 연락 주십시오. 감사합니다.

왕지홍 올림

신입 사원	뽑다	추천서	~와/과 관련하여
new recruit	to select	recommendation letter	to be related ~

올림
sincerely yours

1) 왕지홍 씨는 무슨 회사에 취업하려고 해요?

2) 왕지홍 씨가 취업하고 싶은 회사에 필요한 것은 뭐예요?

3) 왕지홍 씨는 교수님께 무엇을 부탁해요?

어휘 2 - 부탁
Vocabulary 2 - Favor

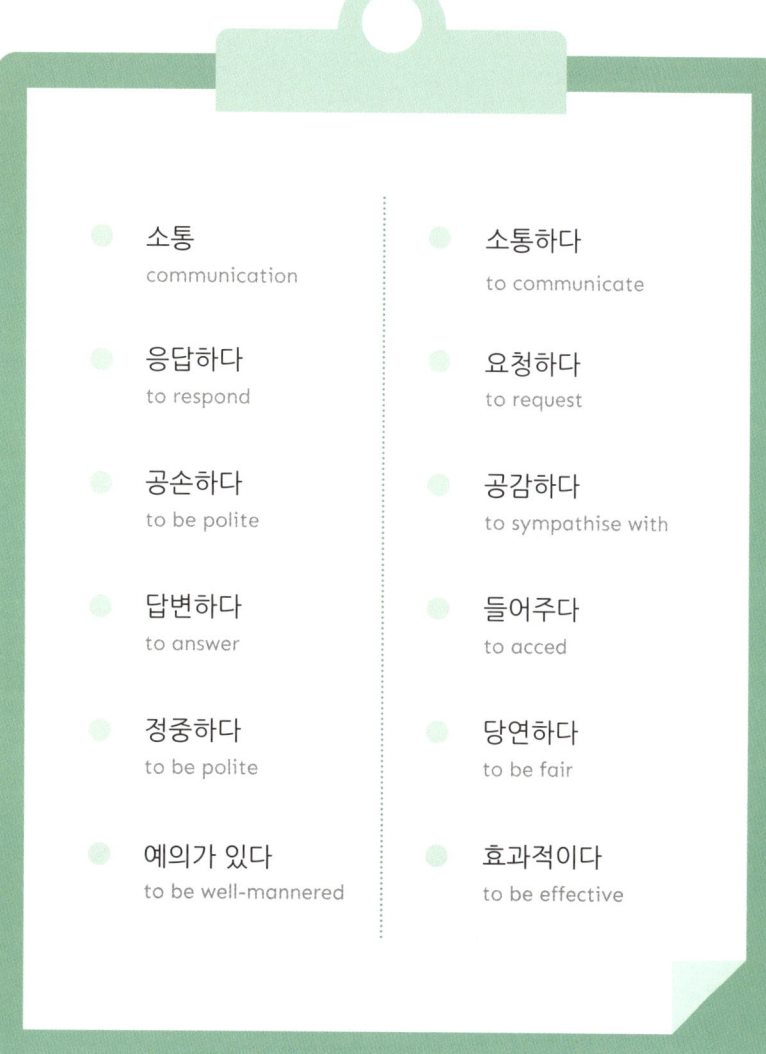

- 소통 / communication
- 응답하다 / to respond
- 공손하다 / to be polite
- 답변하다 / to answer
- 정중하다 / to be polite
- 예의가 있다 / to be well-mannered
- 소통하다 / to communicate
- 요청하다 / to request
- 공감하다 / to sympathise with
- 들어주다 / to acced
- 당연하다 / to be fair
- 효과적이다 / to be effective

어휘 연습
Vocabulary practice

1 알맞은 어휘를 연결하세요.
Match the correct vocabulary.

1) 의견 • • opinion

2) 멘토 • • to be polite

3) 소통 • • mentor

4) 공손하다 • • conversation

5) 지원하다 • • to apply

6) 정중하다 • • to be polite

다음 문장에 알맞은 단어를 쓰세요.
Write the appropriate word for the following sentences.

| 신입 사원 | 뽑다 | 늦추다 |
| 공감하다 | 답변하다 | 예의가 있다 |

1) 진짜 친구는 친구의 슬픔에 _____ 것을 잘해요.

2) SNS를 할 때 시청자의 질문에 _____ 것이 중요해요.

3) 수업 시간에 팔짱을 끼면 안 됩니다. _____ 학생이 되세요.

4) 다음 달에 대통령을 _____. 모두 투표를 꼭 하세요.

5) 죄송하지만 다음 주 발표를 _____? 제가 너무 바빠요.

6) 회사에 처음 들어간 사람을 _____ 이라고 해요.

문법 표현 1
Grammar expression 1

-(으)ㄹ 때

| 동사나 형용사 뒤에 붙어서 어떤 상황이나 행동이 일어나는 그 순간이나 동안을 나타낸다.
Attached to verb or adjective and indicates the moment or period when a certain situation accurs.

- 받침 O + -을 때

  → 먹다 + -을 때 = 먹을 때   → 찾다 + -을 때 = 찾을 때

  받침 X + -ㄹ 때

  → 가다 + -ㄹ 때 = 갈 때   → 하다 + -ㄹ 때 = 할 때

  예) 저는 공부할 때 항상 음악을 들어요.

  　　비가 올 때 커피숍에 가요.

★ 과거형은 '-았/었/였을 때'로 사용한다.
　'-았/었/였을 때' used in the past form.
　→ 저는 어렸을 때 시골에 살았어요.

	-을 때		-ㄹ 때
먹다		주다	
앉다		쓰다	
* 듣다		말하다	
* 만들다		끝나다	

190

연습 문제

<보기>와 같이 문장을 완성하세요.
Complete the sentences as shown in <보기>.

보기

아프다 + 집에서 잠을 자요

→ 아플 때 집에서 잠을 자요.

1) 심심하다 + 영화를 봐요

→ _____.

2) 기분이 좋다 + 노래를 불러요

→ _____.

3) 비가 오다 + 커피를 마셔요

→ _____.

4) 어렸다 + 수영을 배웠어요

→ _____.

문법 표현 2
Grammar expression 2

-아/어/여도 돼요

| 동사 뒤에 붙어서 어떤 행위나 상태를 허락이나 허용함을 나타낸다.
Attached to verb and indicates permission or acceptance of an action or state.

- ㅏ, ㅗ + -아도 되다

  → 찾다 + -아도 되다 = 찾아도 돼요

  ㅏ, ㅗ X + -어도 되다

  → 먹다 + -어도 되다 = 먹어도 돼요

  하다 + -여도 되다

  → 하다 + -여도 되다 = 하여도 돼요 → 해도 돼요

  예) 학생 : 선생님, 지금 화장실에 가도 돼요?
  선생님 : 네, 가도 돼요.

	-아/어/해도 돼요		-아/어/해도 돼요
앉다		만들다	
받다		말하다	
먹다		* 쓰다	
* 듣다		* 부르다	

192

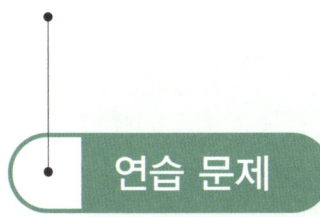

<보기>와 같이 대화를 완성하세요.
Complete the dialogs as shown in <보기>.

> 보기
>
> 가 : 선생님, 창문을 <u>열어도 돼요</u>?
>
> 나 : 그래요. 창문을 열어요.

1) 가 : 바닷가에서 자전거를 _____?

   나 : 네, 조심히 타세요.

2) 가 : 이 빵을 다 _____?

   나 : 그래, 먹어.

3) 가 : 배가 아파요. 병원에 _____?

   나 : _____.

읽기
Reading

1 **다음 글을 읽고 맞으면 O, 틀리면 X 하세요.**
Read the following article choose O if correct, choose X if wrong.

> ✉
>
> **To.** 지영 씨
>
> 저는 한국 문화를 알려 주는 과제를 제출해야 하는데 저는 이렇게 썼어요. 단어와 문법이 맞는지 한번 봐 주세요.
>
> 〈저는 한국 음식 문화에 대해 소개하겠습니다. 니라마다 음식 문화가 다릅니다. 한국은 쌀밥, 국, 반찬을 함께 먹습니다. 채소를 사용한 요리가 많아서 건강에 좋습니다. 고추, 마늘을 넣은 요리가 많습니다.〉
>
> 어때요? 잘 썼어요? 이 내용을 꼭 봐 주세요.
>
> 헨드라 드림

1) 이 글은 지영 씨가 썼습니다.   O X

2) 한국 음식에는 고추, 마늘을 많이 넣습니다.   O X

3) 헨드라 씨는 한국 문화를 소개하는 과제가 있습니다.   O X

2 **다음을 읽고 물음에 대답하세요.**
Read the following and answer the questions.

> 타오 : 여보세요? 마지덥 씨. 통화 괜찮아요? 부탁이 있어요.
> 마지덥 : 네, 통화 괜찮아요. 무슨 부탁이에요?
> 타오 : 제가 내일 학회에 가는데 택배 좀 대신 받아 줄 수 있어요? 고향에서 오는 중요한 택배라서요.
> 마지덥 : 네, 제가 받아 줄게요.
> 타오 : 고마워요. 택배는 오후에 올 거예요.
> 마지덥 : 알겠어요. 잘 다녀오세요.

1) 타오 씨는 마지덥 씨에게 무엇을 부탁해요?   What does Majidub ask Tao to do?

2) 읽은 내용과 <u>맞지 않는</u> 것을 고르세요.   Read the following and choose the one is NOT mentioned.

① 두 사람은 같이 학회에 가요.

② 타오 씨는 내일 택배를 못 받아요.

③ 내일 타오 씨의 고향에서 택배가 와요.

④ 마지덥 씨는 타오 씨를 도와줄 거예요.

말하기, 쓰기
Speaking and Writing

1 **아래는 친구의 걱정이에요. 여러분은 어떤 좋은 해결 방법을 가지고 있어요? 써 보세요.**
It is about your friend's concerns. Write down what advice you can give about this article.

1) 공부 방법을 모르겠어요. 성적이 오르지 않아서 걱정이에요.
2) 기숙사를 나가서 살고 싶어요. 그런데 집 구하는 방법을 몰라요. 이사도 어떻게 하는지 몰라요. 혼자 사는 것이 걱정이에요.

제14과
Unit 14

대학원을 가게 되었어요.

I am going to graduate school.

들어가기
Introduction

1. 졸업 후에 무엇을 할 거예요?
   What are you planning to do after graduation?

2. 대학원에서는 무엇을 해요?
   What do people do in graduate school?

학습 목표 Learning objectives	졸업 후 진로에 대해 이해하고 대화할 수 있다.
주제 Topic	진로
사용 어휘 Vocabulary used	대학원, 취업
사용 문법 Grammar used	-(으)ㄹ 만해요, -게 되었어요

대화 1
Dialogue 1

교수님 : 자, 오늘 수업은 여기까지 하겠습니다. 다음 주에는 졸업 후 진로에 대해서 이야기할 테니까 여러분이 준비해 오세요.

헨드라 : 주로 어떤 내용에 대해서 준비해야 해요?

교수님 : 음, 보통 졸업 후에 회사에 취직을 해요. 하지만 졸업 후에 디른 일도 많아요. 예를 들면 대학원에서 공부하는 길도 있어요. 여러 가지 길에 대해 조사해 보세요.

헨드라 : PPT로 만들어야 해요? 아니면 리포트로 만들까요?

교수님 : PPT로 준비하는 것이 좋겠어요. 'PPT로 발표 잘하기'를 읽어 보세요. 설명이 잘 되어 있어서 볼만한 책이에요.

헨드라 : 네, 알겠습니다.

진로	주로	보통	예를 들면
career	mostly	usually	for example
대학원	길		
graduate school	way		

---

1) 교수님은 다음 주에 무슨 수업을 해요?

2) 졸업 후에 무엇을 할 수 있어요?

3) 학생은 무엇으로 준비해야 해요?

어휘 1 - 졸업
Vocabulary 1 - Graduation

학위 — academic degree	성공하다 — to be succeed
학사 — bachelor degree	실패하다 — to fail
석사 — master's degree	고려하다 — to consider
박사 — doctoral degree	준비하다 — to prepare
졸업식 — graduation ceremony	꿈을 가지다 — to have a dream

대화 2
Dialogue 2

왕지홍 : 타오 씨, 졸업 후에 뭐 하고 싶어요?

타오 : 저는 회사에 취직을 하려고 해요. 꼭 가고 싶은 회사가 있어요.

왕지홍 : 그래요? 부러워요. 저는 대학원에 가게 되었어요.
한국에서 장학금을 받고 공부할 거예요.

타오 : 그래요? 정말 축하해요. 대학원 공부는 어려운데 왕지홍 씨라면
잘할 수 있을 거예요. 학부에서도 항상 장학금을 받았잖아요.

왕지홍 : 고마워요. 타오 씨는 어떤 회사에서 일하고 싶어요?

타오 : 저는 게임 회사에서 일할 거예요. 게임을 만들고 싶어요.
앞으로는 이 게임 회사가 전망이 좋아요.

왕지홍 : 타오 씨는 게임을 좋아하니까 정말 잘할 거예요.

취직	꼭	알아보다	게임
getting a job	by all means	to investigate	game
앞으로	전망		
in the future	view		

1) 왕지홍 씨의 꿈은 뭐예요?

2) 타오 씨의 졸업 후 계획은 뭐예요?

3) 타오 씨는 무엇을 좋아해요?

어휘 2 - 취직, 취업
Vocabulary 2 - To get a job

구직
looking for a job

신입
newcomer

경력
working experience

직원
employee

적성
aptitude

근무 환경
working environment

자기소개서
self-introduction

채용박람회
job fair

연봉
annyal salary

월급
salary

보너스
bonus

입사하다
to enter a company

이직하다
change a job

채용하다
to recruit

어휘 연습
Vocabulary practice

1 알맞은 어휘를 연결하세요.
Match the correct vocabulary.

1) 석사 • • doctoral degree

2) 박사 • • master's degree

3) 직원 • • change a job

4) 대학원 • • graduate school

5) 보너스 • • bonus

6) 이직하다 • • employee

다음 문장에 알맞은 단어를 쓰세요.
Write the appropriate word for the following sentences.

| 월급 | 적성 | 졸업식 |
| 자기소개서 | 준비하다 | 채용하다 |

---

1) 이 회사는 _____ 이 다른 회사보다 높아요.

2) 회사에 이력서를 낼 때에는 _____ 를 잘 써야 해요.

3) 2월에 학교 _____ 이 있어요. 꽃다발을 준비해야 해요.

4) 취업할 때에 자신의 _____ 에 맞는 일을 찾는 것이 중요해요.

5) 우리 회사는 다음 달에 신입사원을 _____ 려고 합니다.

6) 대학생 때 학점, 외국어, 자격증 등을 잘 _____ 세요.

문법 표현 1
Grammar expression 1

-(으)ㄹ 만해요

| 동사에 붙어서 앞의 동사가 할 가치가 있음을 나타내는 표현이다.
| This expression is attached to a verb that indicates that the preceding verb is worth doing.

- 받침 O + -을 만하다
  - → 먹다 + -을 만하다 = 먹을 만하다
  - → 찾다 + -을 만하다 = 찾을 만하다

  받침 X + -ㄹ 만하다
  - → 가다 + -ㄹ 만하다 = 갈 만하다
  - → 하다 + -ㄹ 만하다 = 할 만하다

  예) 이 음식은 먹을 만해요.
  　　이 동네는 구경할 만해요.

	-을 만해요
먹다	
앉다	
*듣다	
*만들다	

	-ㄹ 만해요
쓰다	
보다	
사다	
사용하다	

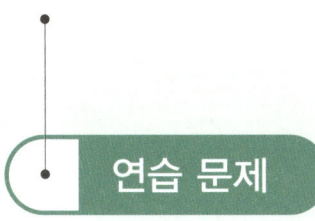

연습 문제

<보기>와 같이 문장을 완성하세요.
Complete the sentences as shown in <보기>.

> 보기
>
> 이 음식은 맛있어요. 먹다
> → 이 음식은 맛있어요. 먹을 만해요.

1) 서울은 정말 재미있어요. 가다

   → _____.

2) 그 영화는 사람들이 많이 봐요. 보다

   → _____.

3) 이 책은 아주 유명해요. 읽다

   → _____.

4) 부산은 살기 좋아요. 지내다

   → _____.

문법 표현 2
Grammar expression 2

-게 되었어요

> 화자의 의지가 아니라 다른 사람이나 상황 때문에 달라졌을 때 사용한다.
> Used when sth changes due to another person or situation rather than the speaker's will.
>
> - 받침 O + -게 되다
>
>   → 먹다 + -게 되다 = 먹게 되다　　→ 찾다 + -게 되다 = 찾게 되다
>
>   받침 X + -게 되다
>
>   → 가다 + -게 되다 = 가게 되다　　→ 하다 + -게 되다 = 하게 되다
>
> 예) 저는 한국에 와서 김치를 먹게 되었어요.
>
> 　　졸업을 하고 회사에 취직하게 되었어요.

	-게 되다
먹다	
앉다	
알다	
받다	

	-게 되다
쓰다	
가다	
바꾸다	
말하다	

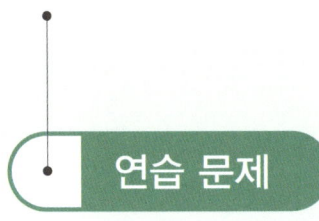

<보기>와 같이 문장을 완성하세요.
Complete the sentences as shown in <보기>.

보기

햄버거를 많이 먹으면 살이 찌다

→ 햄버거를 많이 먹으면 살이 찌게 됩니다.

1) 수영을 못했는데 1년 동안 배워서 잘하다

→ _____.

2) 병원이 싫은데 다리를 다쳐서 병원에 가다

→ _____.

3) 운동을 많이 해서 살이 빠지다

→ _____.

4) 한국어 공부를 열심히 해서 한국어를 잘하다

→ _____.

읽기
Reading

1 **다음 글을 읽고 맞으면 O, 틀리면 X 하세요.**
Read the following article choose O if correct, choose X if wrong.

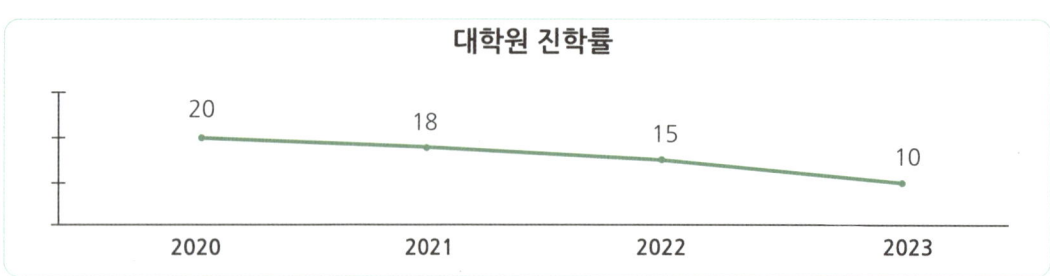

1) 2020년 진학률이 가장 높습니다.　　O　X

2) 진학률은 계속 떨어지고 있습니다.　　O　X

3) 2022년 진학률이 2021년보다 높습니다.　　O　X

2 **다음을 읽고 물음에 대답하세요.**
Read the following and answer the questions.

> 지영: 여러분, 오늘부터 우리 대학원에서 같이 공부하게 되었어요. 타오 씨, 인사하세요.
>
> 타오: 반갑습니다. 저는 베트남에서 온 타오라고 합니다. 반갑습니다.
>
> 지영: 타오 씨는 지금 석사 1학기예요. 여러분이 많이 도와 주세요.
>
> 타오: 네, 한국에 온 지 한 달밖에 안 되었습니다. 올해 소논문을 써야 하는데 많이 모릅니다. 잘 부탁드립니다.
>
> 지영: 우리도 연구하고 논문을 쓰고 있어요. 서로 도우면서 함께 해요.

1) 타오 씨는 무엇을 하고 있어요? What is Tao doing?

2) 읽은 내용과 맞는 것을 고르세요. Choose the correct answer for what you read.

　① 타오 씨는 지금 석사 2학기예요.

　② 타오 씨는 한 달 전에 한국에 왔어요.

　③ 지영 씨는 연구를 모두 끝냈어요.

　④ 지영 씨는 대학원 학생이 아니에요.

말하기, 쓰기
Speaking and Writing

 여러분이 대학원에 간다면 무엇을 공부하고 싶어요? <보기>와 같이 써 보세요.
What would you like to study if you went to graduate school? Write it like <보기>.

> **보기**
>
> 전공 : 경제학
>   어릴 때부터 뉴스를 보면서 경제에 대해 관심을 가지고 공부하고 싶었습니다. 학부에서 경제학을 전공했기 때문에 대학원에서도 계속 공부하고 싶습니다. 돈과 주식, 회사 경영, 세계 경제 등에 대해 공부하려고 합니다. 대학원 공부가 어렵겠지만 열심히 하도록 하겠습니다.

제15과
Unit 15

면접 경험이 없어서 걱정이에요.

I'm worried because I don't have interview experience.

들어가기
Introduction

1. 면접 연습을 해 본 적이 있어요?
   Have you ever practiced for an interview?

2. 추천서가 뭐예요? 어떤 회사에 취업하고 싶어요?
   What is a letter of recommendation?
   What company do you want to work for?

학습 목표 Learning objectives	면접이나 추천서에 대해 이해하고 대화할 수 있다.
주제 Topic	면접
사용 어휘 Vocabulary used	면접, 인턴십, 추천서
사용 문법 Grammar used	-아/어/여졌어요, -기 위해서

대화 1
Dialogue 1

지영 : 지홍 씨, 지원한 회사 필기시험은 합격했다고 들었어요. 다음 주에 면접이죠?

왕지홍 : 네, 벌써 면접이 다가왔는데 면접 경험이 없어서 걱정이에요. 어떻게 하면 면접 실력을 높일 수 있을까요? 자신감이 떨어졌어요.

지영 : 안 그래도 이번 주 금요일에 취업 특강이 있는데 같이 갈래요? 취업한 선배들의 경험담을 듣고 질문도 할 수 있어요.

왕지홍 : 그래요? 그럼, 우리 같이 가요. 질문할 게 많아요.

지영 : 면접 옷차림과 자주 나오는 질문, 대답 기술 등을 배울 수 있다니까 좋을 거예요.

| 지원하다 to apply | 필기시험 written test | 합격하다 to pass successfully | 선배 senior |
| 경험담 story of one's experience | 특강 special lecture | 옷차림 attired appearance | 기술 technology/skill |

1) 왕지홍 씨의 면접은 언제예요?

2) 왕지홍 씨와 지영 씨는 어디에 같이 가요?

3) 취업 특강에서 무엇을 배울 수 있어요?

어휘 1 - 면접
Vocabulary 1 - Interview

교양 한국어 | 제15과 면접 경험이 없어서 걱정이에요.

- 면접
  interview

- 면접관
  interviewer

- 지원자
  applicant

- 계약직
  contract worker

- 정규직
  being regular

- 학력
  academicbackground

- 장점
  strength

- 단점
  weakness

- 성격
  personality

- 도전
  challenge

- 열정
  passion

- 협력
  cooperation

대화 2
Dialogue 2

교수님 : 마지덥 씨, 무슨 일이에요?

마지덥 : 저…. 회사에 지원하기 위해서 교수님 추천서가 필요합니다.
추천서를 써 주실 수 있을까요?

교수님 : 그래요? 당연히 써 줘야지요. 마지덥 씨 항상 열심히 하잖아요. 무슨 회사예요?

마지덥 : 감사합니다, 교수님. 컴퓨터 디자인 회사입니다.
저는 개발팀에 지원하고 싶습니다.

교수님 : 어려운 부서에 지원을 하네요. 하지만 마지덥 씨는 능력이 있으니까
잘할 수 있을 거예요. 언제까지 추천서가 필요해요?

마지덥 : 이번 주 금요일까지 부탁드립니다. 제가 다시 교수님 연구실로 오겠습니다.

교수님 : 그래요. 그럼, 금요일에 추천서를 받으러 오세요.

추천서	당연히	디자인	개발
recommendation letter	naturally	design	development
팀	부서	능력	열심히
team	department	ability	diligently

1) 마지덥 씨는 왜 추천서가 필요해요?

2) 마지덥 씨는 어느 부서에 지원해요?

3) 마지덥 씨는 추천서를 언제 받으러 갈 거예요?

어휘 2 - 인턴십, 추천서
Vocabulary 2 - Internship and Letter of recommendation

- 열정적
  passionate

- 적극적
  active

- 안정성
  stability

- 책임감
  responsibility

- 창의적
  creative

- 능동적
  proactive

- 융통성
  flexibility

- 성과
  result

- 근무
  work

- 신뢰
  trust

- 협동
  cooperation

- 환경
  environment

어휘 연습
Vocabulary practice

1 알맞은 어휘를 연결하세요.
Match the correct vocabulary.

1) 면접 • • challenge

2) 단점 • • interview

3) 도전 • • flexibility

4) 미리 • • weakness

5) 적극적 • • in advance

6) 융통성 • • active

다음 문장에 알맞은 단어를 쓰세요.
Write the appropriate word for the following sentences.

| 추천서 | 디자인 | 자기소개 |
| 벌써 | 당연히 | 열심히 |

---

1) 공부를 _____ 해서 장학금을 받아요.

2) 면접에서 _____ 가 아주 중요해요.

3) 물건은 _____ 이 중요해요. 예쁘면 사람들이 많이 사요.

4) 이 회사는 지원할 때 교수님의 _____ 가 필요해요.

5) 공부를 잘하면 _____ 장학금을 받을 수 있어요.

6) 마감 시간이 _____ 지났어요. 이제 제출할 수 없어요.

문법 표현 1
Grammar expression 1

-아/어/여졌어요

> | 형용사에 붙어서 과거와 비교하여 변화된 것을 표현할 때 사용한다.
> Used when attached to an adjective to express sth that has changed compared to the past.
>
> - ㅏ, ㅗ + -아지다
>   - → 작다 + -아지다 = 작아지다
>   - → 많다 + -아지다 = 많아지다
>
>   ㅏ, ㅗ X + -어지다
>   - → 크다 + -어지다 = 커지다
>   - → 예쁘다 + -어지다 = 예뻐지다
>
>   하다 + -여지다
>   - → 깨끗하다 + -여지다 = 깨끗하여지다 → 깨끗해지다
>
> 예) 공부를 안 해서 성적이 나빠졌어요.
>   옛날에는 뚱뚱했는데 날씬해졌어요.

	-아지다
많다	
괜찮다	
*나쁘다	

	-어지다
*춥다	
*귀엽다	
*예쁘다	

	해지다
시원하다	
행복하다	
따뜻하다	

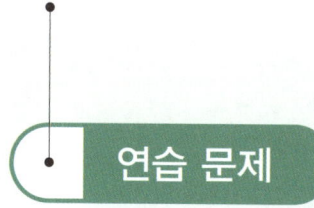

연습 문제

<보기>와 같이 문장을 완성하세요.
Complete the sentences as shown in <보기>.

보기

겨울이 되면서 날씨가 많이 춥다
→ 겨울이 되면서 날씨가 많이 추워졌어요.

1) 어릴 때는 키가 작았는데 지금은 크다

   → _____.

2) 아침에는 날씨가 맑았는데 지금은 흐리다

   → _____.

3) 공부를 많이 해서 성적이 좋다

   → _____.

문법 표현 2
Grammar expression 2

-기 위해서

| 어떤 일을 하는 목적이나 의도를 나타낼 때 사용한다.
Used to express the purpose or intention of doing sth.

- 받침 O + -기 위해서

  → 먹다 + -기 위해서 = 먹기 위해서   → 찾다 + -기 위해서 = 찾기 위해서

  받침 X + -기 위해서

  → 가다 + -기 위해서 = 가기 위해서   → 자다 + -기 위해서 = 자기 위해서

  예) 유학을 가기 위해서 열심히 준비했어요.

  　　가수가 되기 위해서 아르바이트를 하고 있어요.

★ 명사형도 사용할 수 있다. '을/를 위해서'를 사용한다.
　 The noun form '을/를 위해서' can also be used.
　 → 저는 건강을 위해서 채소를 많이 먹어요.

	-기 위해서
먹다	
앉다	
살다	
팔다	

	-기 위해서
쓰다	
달리다	
말하다	
공부하다	

연습 문제

<보기>와 같이 문장을 완성하세요.
Complete the sentences as shown in <보기>.

> 보기
>
> 한국에 <u>가기 위해서</u> 한국어를 공부해요.
>   (가다)

1) 영화를 _____ 티켓을 사요.
                (보다)

2) 돈을 _____ 회사에 취직해요.
              (벌다)

3) 다이어트를 _____ 운동해요.
              (하다)

4) 장학금을 _____ 열심히 공부해요.
             (받다)

5) 어머니께서는 _____ 식사를 준비하세요.
            (가족)

읽기
Reading

 다음 글을 읽고 맞으면 O, 틀리면 X 하세요.
Read the following article choose O if correct, choose X if wrong.

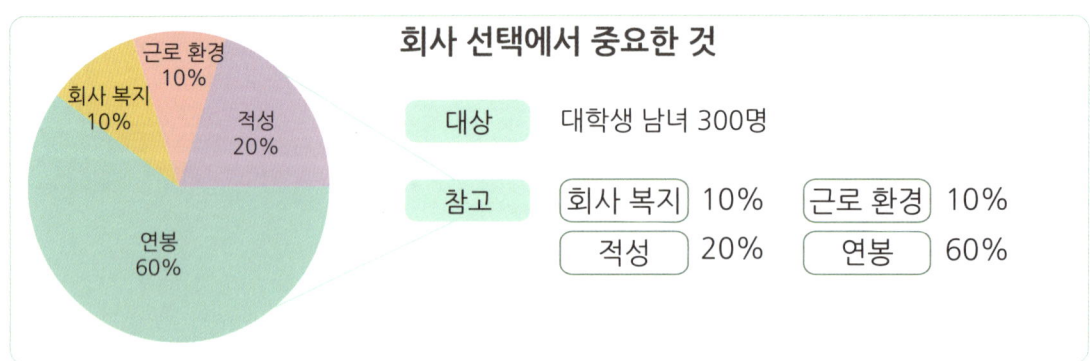

1) 대학생들은 회사 연봉을 가장 중요하게 생각합니다.   O   X

2) 적성은 근로 환경보다 선택한 수가 더 적습니다.   O   X

3) 회사 복지와 근로 환경을 선택한 수는 같습니다.   O   X

 다음을 읽고 물음에 대답하세요.
Read the following and answer the questions.

마지덥 :	타오 씨, 저 취업 준비하고 있는데 이력서는 어떻게 하면 잘 쓸 수 있어요?
타오 :	학력, 경력, 자격증, 자기소개서를 솔직하고 꼼꼼하게 써야 해요.
	면접 때 이력서를 보고 질문을 하기 때문에 중요해요.
마지덥 :	맞아요. 저는 자기소개서 쓰는 게 어려운데 가르쳐 주세요.
타오 :	저는 경험을 중요하게 생각해요.
	경험한 것과 자신의 장점을 자세히 쓰세요.
마지덥 :	고마워요. 타오 씨 말을 들으니까 잘 쓸 수 있을 것 같아요.

1) 두 사람은 무엇에 대해 이야기하고 있어요?   What are you two talking about?

2) 읽은 내용과 <u>맞지 않는</u> 것을 고르세요.   Read the following and choose the one is NOT mentioned.

   ① 마지덥 씨는 취직 준비하고 있어요.

   ② 타오 씨는 경험을 중요하게 생각해요.

   ③ 마지덥 씨는 이력서 쓰는 것을 어려워해요.

   ④ 마지덥 씨는 자기소개서 쓰는 방법을 가르쳐 줘요.

말하기, 쓰기
Speaking and Writing

 친구들과 같이 아래 면접 질문에 대해 쓰고 말해 보세요.
Write your answers to the interview questions and speak with your friends.

1) 간단하게 자기소개를 해 주세요.

2) 다른 사람들은 지원자님을 어떤 사람이라고 이야기합니까?

3) 대학에서 무엇을 전공했고, 왜 그 공부를 했습니까?

4) 전공과 관련이 없는 회사인데 왜 지원하셨어요?

5) 취미나 특기는 무엇입니까?

6) 자신의 장점과 단점을 하나씩 말씀해 주세요.

_____

_____

_____

_____

_____

모범 답안
Model answer

1과 방학 동안 고향에 다녀왔어요.

어휘 연습

① 알맞은 어휘를 연결하세요. .... (20쪽)

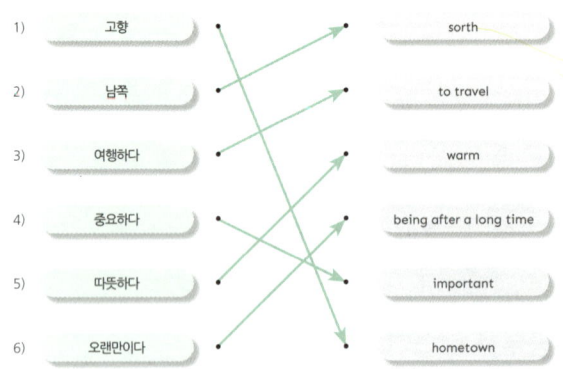

② 다음 문장에 알맞은 단어를 쓰세요. .... (21쪽)

1) 수도   2) 시작합니다   3) 빌리
4) 유명해요   5) 역사 유적지   6) 다행히

문법 표현1 .... (22쪽)

보다 더	
비행기 > 기차, 빠르다	비행기가 기차보다 더 빠르다
축구공 > 야구공, 크다	축구공이 야구공보다 더 빠르다
제주도 > 서울, 덥다	제주도가 서울보다 더 덥다
노트북 > 휴대폰, 비싸다	노트북이 휴대폰보다 더 비싸다
드라마 > 뉴스, 재미있다	드라마가 뉴스보다 더 재미있다

문법 표현2 .... (23쪽)

-은		-ㄴ	
작다 + 공	작은 공	싸다 + 사과	싼 사과
찍다 + 사진	찍은 사진	예쁘다 + 꽃	예쁜 꽃
*덥다 + 날씨	더운 날씨	슬프다 + 영화	슬픈 영화
*길다 + 머리	긴 머리	편하다 + 의자	편한 의자
*듣다 + 음악	들은 음악	유명하다 + 식당	유명한 식당

-는	
읽다 + 책	읽는 책
마시다 + 커피	마시는 커피
듣다 + 노래	듣는 노래
맛있다 + 음식	맛있는 음식
*살다 + 곳	사는 곳

읽기

① 다음 글을 읽고 맞으면 O, 틀리면 X 하세요. .... (26쪽)

1) O
2) O
3) X

② 다음을 읽고 물음에 대답하세요. .... (26쪽)

1) 유럽
2) ④

2과 모두 개강총회에 참석해 주세요.

어휘 연습

① 알맞은 어휘를 연결하세요. .... (34쪽)

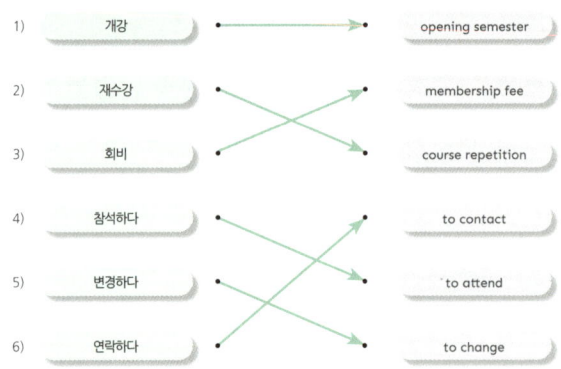

② 다음 문장에 알맞은 단어를 쓰세요. .... (35쪽)

1) 취소   2) 결정   3) 환영회
4) 학사 일정   5) 적응하   6) 강의계획서

문법 표현1 .... (36쪽)

-으세요		-세요	
앉다	앉으세요	가다	가세요
씻다	씻으세요	사다	사세요
*듣다	들으세요	쓰다	쓰세요
*만들다	만드세요	기다리다	기다리세요

문법 표현2 ········· (38쪽)

	-아 주세요		-어 주세요
닫다	닫아 주세요	열다	열어 주세요
찾다	찾아 주세요	빌리다	빌려 주세요
오다	와 주세요	켜다	켜 주세요
*돕다	도와 주세요	*끄다	꺼 주세요

	해 주세요
연락하다	연락해 주세요
계산하다	계산해 주세요
설명하다	설명해 주세요
생각하다	생각해 주세요

읽기

① 다음 글을 읽고 맞으면 O, 틀리면 X 하세요. ········ (40쪽)

1) O
2) O
3) O

② 다음을 읽고 물음에 대답하세요. ········ (40쪽)

1) 개강 총회
2) ④

3과 방학 동안 고향에 다녀왔어요.

어휘 연습

① 알맞은 어휘를 연결하세요. ········ (48쪽)

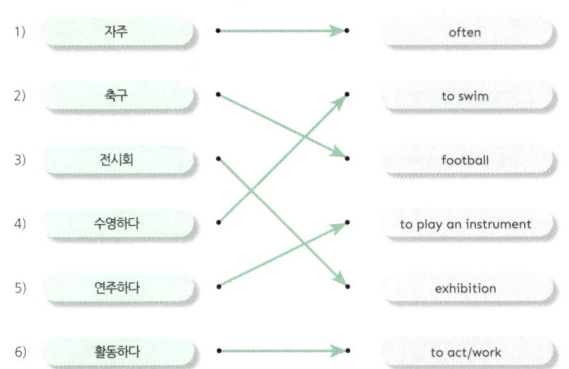

② 다음 문장에 알맞은 단어를 쓰세요. ········ (49쪽)

1) 자전거 2) 만들 3) 구경하
4) 동아리 5) 가입하 6) 취미

문법 표현1 ········· (50쪽)

	-는 것		-기
읽다	읽는 것	읽다	읽기
마시다	마시는 것	마시다	마시기
수영하다	수영하는 것	수영하다	수영하기
*만들다	만드는 것	만들다	만들기

문법 표현2 ········· (52쪽)

	-고 있어요		-고 있어요
읽다	읽고 있어요	신다	신고 있어요
살다	살고 있어요	입다	입고 있어요
듣다	듣고 있어요	벗다	벗고 있어요

	-고 있어요
보다	보고 있어요
다니다	다니고 있어요
지내다	지내고 있어요

읽기

① 다음 글을 읽고 맞으면 O, 틀리면 X 하세요. ········ (54쪽)

1) O
2) O
3) O

② 다음을 읽고 물음에 대답하세요. ········ (54쪽)

1) 등산
2) ④

4과　학교 근처 원룸으로 이사하려고 해요.

어휘 연습

① 알맞은 어휘를 연결하세요. ·············· (62쪽)
Match the correct vocabulary.

1) 가구 — furniture
2) 보증금 — deposit
3) 전기세 — electricity bill
4) 이사하다 — to move
5) 계약하다 — to make a contract
6) 정리하다 — to arrange

② 다음 문장에 알맞은 단어를 쓰세요. ·············· (63쪽)
Write the appropriate word for the following sentences.

1) 준비했어요　2) 집들이　3) 월세
4) 부동산　5) 편해요　6) 초대하

문법 표현1 ·············· (64쪽)

	-으면서		-면서
읽다	읽으면서	보다	보면서
작다	작으면서	청소하다	청소하면서
*듣다	들으면서	비싸다	비싸면서
*춥다	추우면서	*알다	알면서

문법 표현2 ·············· (66쪽)

	-으려고 해요		-려고 해요
찾다	찾으려고 해요	자다	자려고 해요
입다	입으려고 해요	만나다	만나려고 해요
*듣다	들으려고 해요	시작하다	시작하려고 해요
*만들다	만들려고 해요	공부하다	공부하려고 해요

읽기

① 다음 글을 읽고 맞으면 O, 틀리면 X 하세요. ·········· (68쪽)
Read the following article choose O if correct, choose X if wrong.

1) O
2) O
3) O

② 다음을 읽고 물음에 대답하세요. ·············· (68쪽)
Read the following and answer the questions.

1) 다음 주 토요일
2) ③

5과　아르바이트를 한 적이 있어요.

어휘 연습

① 알맞은 어휘를 연결하세요. ·············· (76쪽)
Match the correct vocabulary.

1) 조건 — conditions
2) 휴일 — weekend
3) 이력서 — CV
4) 경험하다 — to experience
5) 출근하다 — to go to work
6) 퇴근하다 — to leave work

② 다음 문장에 알맞은 단어를 쓰세요. ·············· (77쪽)
Write the appropriate word for the following sentences.

1) 배달하　2) 경력자　3) 장학금
4) 번역하　5) 근로 계약서　6) 시급

문법 표현1 ·············· (78쪽)

	-은 적이 있어요/없어요
받다	받은 적이 있어요/없어요
입다	입은 적이 있어요/없어요
*살다	산 적이 있어요/없어요
*듣다	들은 적이 있어요/없어요

	-ㄴ 적이 있어요/없어요
쓰다	쓴 적이 있어요/없어요
보다	본 적이 있어요/없어요
만나다	만난 적이 있어요/없어요
사용하다	사용한 적이 있어요/없어요

문법 표현2 ········· (80쪽)

	-을 줄 알아요/몰라요
읽다	읽을 줄 알아요/몰라요
찍다	찍을 줄 알아요/몰라요
입다	입을 줄 알아요/몰라요
*만들다	만들 줄 알아요/몰라요

	-ㄹ 줄 알아요/몰라요
쓰다	쓸 줄 알아요/몰라요
마시다	마실 줄 알아요/몰라요
고치다	고칠 줄 알아요/몰라요
운전하다	운전할 줄 알아요/몰라요

읽기

① 다음 글을 읽고 맞으면 O, 틀리면 X 하세요. ········· (82쪽)
Read the following article choose O if correct, choose X if wrong.

1) O
2) X
3) X

② 다음을 읽고 물음에 대답하세요. ········· (82쪽)
Read the following and answer the questions.

1) 무역 박람회 통역 일

2) ②

6과 수영을 배운 지 3개월이 되었어요.

어휘 연습

① 알맞은 어휘를 연결하세요. ········· (90쪽)
Match the correct vocabulary.

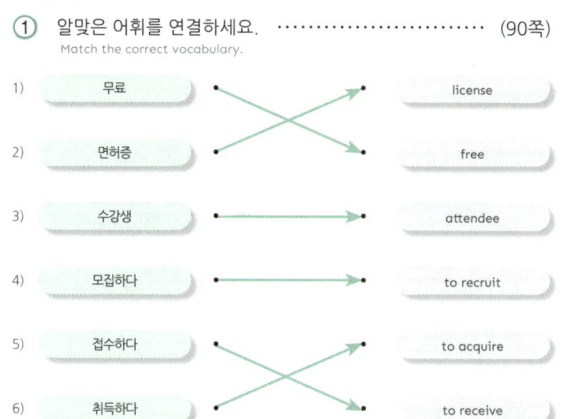

② 다음 문장에 알맞은 단어를 쓰세요. ········· (91쪽)
Write the appropriate word for the following sentences.

1) 수강료   2) 합격   3) 선착순
4) 필기시험   5) 이용   6) 자격증

문법 표현1 ········· (92쪽)

	-는 동안(에)		동안(에)
듣다	듣는 동안(에)	하루	하루 동안(에)
배우다	배우는 동안(에)	방학	방학 동안(에)
공부하다	공부하는 동안(에)	10년	10년 동안(에)
*만들다	만드는 동안(에)	유학 생활	유학 생활 동안(에)

문법 표현2 ········· (94쪽)

	-은 지		-ㄴ 지
받다	받은 지	배우다	배운 지
씻다	씻은 지	다니다	다닌 지
*듣다	들은 지	만나다	만난 지
*돕다	도운 지	시작하다	시작한 지
*살다	산 지	출발하다	출발한 지

읽기

① 다음 글을 읽고 맞으면 O, 틀리면 X 하세요. ········· (96쪽)
Read the following article choose O if correct, choose X if wrong.

1) O
2) O
3) X

② 다음을 읽고 물음에 대답하세요. ········· (96쪽)
Read the following and answer the questions.

1) 한국어능력시험

2) ④

7과 체육 대회에 선수로 참가하기로 했어요.

어휘 연습

① 알맞은 어휘를 연결하세요. ·················· (104쪽)
Match the correct vocabulary.

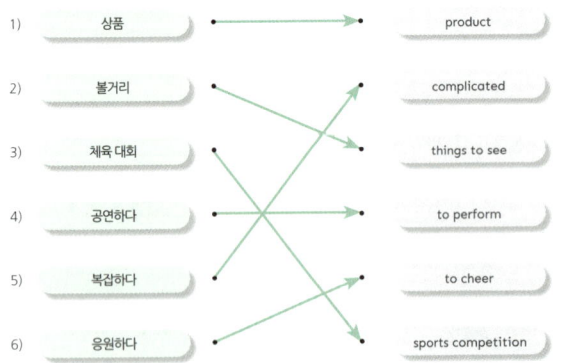

1) 상품 — product
2) 볼거리 — things to see
3) 체육 대회 — sports competition
4) 공연하다 — to perform
5) 복잡하다 — complicated
6) 응원하다 — to cheer

② 다음 문장에 알맞은 단어를 쓰세요. ··········· (105쪽)
Write the appropriate word for the following sentences.

1) 이겼어요   2) 학생회   3) 점수
4) 줄임말   5) 안전하   6) 축제

문법 표현1 ································ (106쪽)

	-을 뿐만 아니라		-ㄹ 뿐만 아니라
작다	작을 뿐만 아니라	크다	클 뿐만 아니라
* 살다	살 뿐만 아니라	보다	볼 뿐만 아니라
* 듣다	들을 뿐만 아니라	운동하다	운동할 뿐만 아니라
* 가깝다	가까울 뿐만 아니라	깨끗하다	깨끗할 뿐만 아니라

문법 표현2 ································ (108쪽)

	-기로 해요		-기로 했어요
쉬다	쉬기로 해요	돕다	돕기로 했어요
만들다	만들기로 해요	배우다	배우기로 했어요
연락하다	연락하기로 해요	운동하다	운동하기로 했어요
청소하다	청소하기로 해요	신청하다	신청하기로 했어요

읽기

① 다음 글을 읽고 맞으면 O, 틀리면 X 하세요. ····· (110쪽)
Read the following article choose O if correct, choose X if wrong.

1) O ✗
2) O ✗
3) O ✗

② 다음을 읽고 물음에 대답하세요. ·············· (110쪽)
Read the following and answer the questions.

1) 유학생 한국어 말하기 대회
2) ①   /

8과 콧물이 나고 열이 나요.

어휘 연습

① 알맞은 어휘를 연결하세요. ·················· (118쪽)
Match the correct vocabulary.

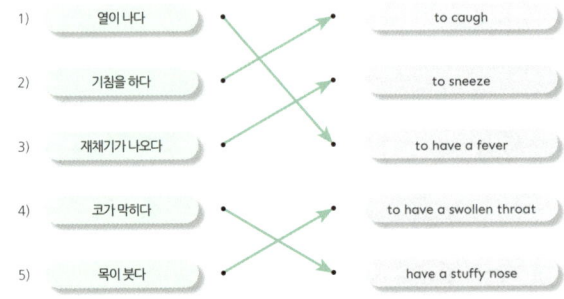

1) 열이 나다 — to have a fever
2) 기침을 하다 — to caugh
3) 재채기가 나오다 — to sneeze
4) 코가 막히다 — have a stuffy nose
5) 목이 붓다 — to have a swollen throat

② 다음 문장에 알맞은 단어를 쓰세요. ··········· (119쪽)
Write the appropriate word for the following sentences.

1) 식후   2) 때   3) 예약해
4) 검사   5) 처방전   6) 두통

문법 표현1 ································ (120쪽)

	-도록		-도록
먹다	먹도록	보다	보도록
입다	입도록	쓰다	쓰도록
살다	살도록	말하다	말하도록
듣다	듣도록	공부하다	공부하도록

문법 표현2 ································ (122쪽)

	-아 놓아요		-어 놓아요
닫다	닫아 놓아요	열다	열어 놓아요
찾다	찾아 놓아요	빌리다	빌려 놓아요
사다	사 놓아요	켜다	켜 놓아요
자다	자 놓아요	* 끄다	꺼 놓아요

	해 놓아요
연락하다	연락해 놓아요
계산하다	계산해 놓아요
설명하다	설명해 놓아요
생각하다	생각해 놓아요

읽기

① 다음 글을 읽고 맞으면 O, 틀리면 X 하세요. ……… (124쪽)
Read the following article choose O if correct, choose X if wrong.

1) O
2) O
3) X

② 다음을 읽고 물음에 대답하세요. ……………… (124쪽)
Read the following and answer the questions.

1) 치과

2) ③

9과 우리 조 모임 역할을 정해요.

어휘 연습

① 알맞은 어휘를 연결하세요. ……………… (132쪽)
Match the correct vocabulary.

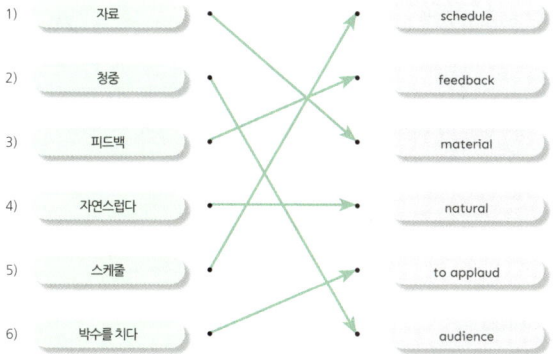

1) 자료 — material
2) 청중 — audience
3) 피드백 — feedback
4) 자연스럽다 — natural
5) 스케줄 — schedule
6) 박수를 치다 — to applaud

② 다음 문장에 알맞은 단어를 쓰세요. ……………… (133쪽)
Write the appropriate word for the following sentences.

1) 과제   2) 덕분에   3) 요약
4) 연기하겠습니다 5) 발표자   6) 긴장됩니다

문법 표현1 ……………… (134쪽)

	-자마자		-자마자
먹다	먹자마자	쓰다	쓰자마자
앉다	앉자마자	말하다	말하자마자
받다	받자마자	빌리다	빌리자마자
열다	열자마자	바꾸다	바꾸자마자

문법 표현2 ……………… (136쪽)

	-을 테니까		-ㄹ 테니까
먹다	먹을 테니까	쓰다	쓸 테니까
앉다	앉을 테니까	말하다	말할 테니까
*걷다	걸을 테니까	*열다	열 테니까
*덥다	더울 테니까	*만들다	만들 테니까

읽기

① 다음 글을 읽고 맞으면 O, 틀리면 X 하세요. ……… (138쪽)
Read the following article choose O if correct, choose X if wrong.

1) O
2) O
3) O

② 다음을 읽고 물음에 대답하세요. ……………… (138쪽)
Read the following and answer the questions.

1) 학교 캐릭터 이름을 정하는 공모전

2) ③

10과 다음 주까지 과제를 제출하세요.

어휘 연습

① 알맞은 어휘를 연결하세요. ·········· (146쪽)
Match the correct vocabulary.

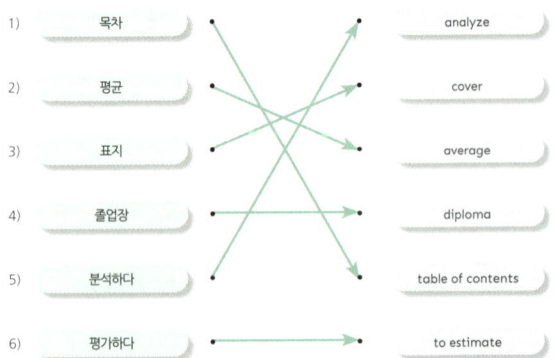

1) 목차 — table of contents
2) 평균 — average
3) 표지 — cover
4) 졸업장 — diploma
5) 분석하다 — analyze
6) 평가하다 — to estimate

② 다음 문장에 알맞은 단어를 쓰세요. ·········· (147쪽)
Write the appropriate word for the following sentences.

1) 결과 2) 학점 3) 마지막
4) 졸업하 5) 마감해요 6) 시험

문법 표현1 ·········· (148쪽)

	-을 수밖에 없다		-ㄹ 수밖에 없다
먹다	먹을 수밖에 없다	쓰다	쓸 수밖에 없다
앉다	앉을 수밖에 없다	말하다	말할 수밖에 없다
받다	받을 수밖에 없다	다르다	다를 수밖에 없다
*걷다	걸을 수밖에 없다	*살다	살 수밖에 없다

문법 표현2 ·········· (150쪽)

	-는 바람에		-는 바람에
먹다	먹는 바람에	자다	자는 바람에
앉다	앉는 바람에	사다	사는 바람에
받다	받는 바람에	쓰다	쓰는 바람에
*열다	여는 바람에	말하다	말하는 바람에

읽기

① 다음 글을 읽고 맞으면 O, 틀리면 X 하세요. ·········· (152쪽)
Read the following article choose O if correct, choose X if wrong.

1) O X
2) O X
3) O X

② 다음을 읽고 물음에 대답하세요. ·········· (152쪽)
Read the following and answer the questions.

1) 주식
2) ①

11과 통장을 만들고 싶어요.

어휘 연습

① 알맞은 어휘를 연결하세요. ·········· (160쪽)
Match the correct vocabulary.

1) 안내 — to guide
2) 도장 — stamp
3) 전입 — moving in
4) 입금하다 — to deposit
5) 취소하다 — to cancel
6) 확인하다 — to check

② 다음 문장에 알맞은 단어를 쓰세요. ·········· (161쪽)
Write the appropriate word for the following sentences.

1) 설명해 2) 이체하 3) 신고해
4) 대리인 5) 비밀번호 6) 누르세요

문법 표현1 ·········· (162쪽)

	-으려면		-려면
먹다	먹으려면	쓰다	쓰려면
앉다	앉으려면	말하다	말하려면
찍다	찍으려면	*팔다	팔려면
*듣다	들으려면	*만들다	만들려면

문법 표현2 ·········· (164쪽)

	-다가		-다가
먹다	먹다가	쓰다	쓰다가
앉다	앉다가	사다	사다가
찍다	찍다가	매다	매다가
받다	받다가	말하다	말하다가

230

읽기

① 다음 글을 읽고 맞으면 O, 틀리면 X 하세요. ·········· (166쪽)
Read the following article choose O if correct, choose X if wrong.

1) O
2) X
3) O

② 다음을 읽고 물음에 대답하세요. ·················· (166쪽)
Read the following and answer the questions.

1) 비자 연장하러 출입국관리사무소에 가요.

2) ④

12과 '좋아요'를 눌러 주세요.

어휘 연습

① 알맞은 어휘를 연결하세요. ······················ (174쪽)
Match the correct vocabulary.

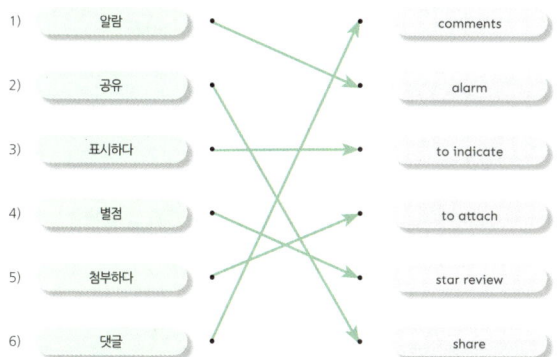

1) 알람	•	• comments
2) 공유	•	• alarm
3) 표시하다	•	• to indicate
4) 별점	•	• to attach
5) 첨부하다	•	• star review
6) 댓글	•	• share

② 다음 문장에 알맞은 단어를 쓰세요. ················ (175쪽)
Write the appropriate word for the following sentences.

1) 찍었어요   2) 인기   3) 업로드했어요
4) 삭제했어요   5) 블로그   6) 시청한

문법 표현1 ···································· (176쪽)

	-는 척하다		-(으)ㄴ 척하다
먹다	먹는 척하다	많다	많은 척하다
자다	자는 척하다	나쁘다	나쁜 척하다
공부하다	공부하는 척하다	기쁘다	기쁜 척하다
*알다	아는 척하다	착하다	착한 척하다

문법 표현2 ···································· (178쪽)

	-았/었더니		-았/었/했더니
알다	알았더니	웃다	웃었더니
오다	왔더니	먹다	먹었더니
타다	탔더니	만들다	만들었더니
*걷다	걸었더니	말하다	말했더니

읽기

① 다음 글을 읽고 맞으면 O, 틀리면 X 하세요. ·········· (180쪽)
Read the following article choose O if correct, choose X if wrong.

1) O
2) O
3) O

② 다음을 읽고 물음에 대답하세요. ·················· (180쪽)
Read the following and answer the questions.

1) 웹툰

2) ②

13과   교수님, 상담할 게 있습니다.

어휘 연습

① 알맞은 어휘를 연결하세요. ················· (188쪽)
Match the correct vocabulary.

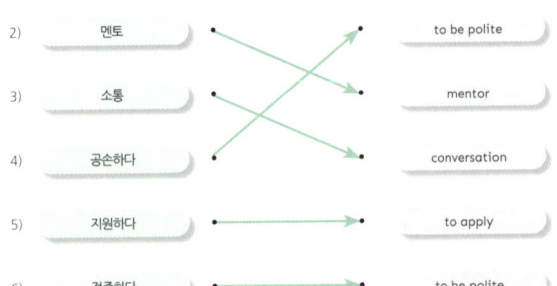

1) 의견 — opinion
2) 멘토 — mentor
3) 소통 — conversation
4) 공손하다 — to be polite
5) 지원하다 — to apply
6) 정중하다 — to be polite

② 다음 문장에 알맞은 단어를 쓰세요. ············ (189쪽)
Write the appropriate word for the following sentences.

1) 공감하는 2) 답변하는 3) 예의가 있는
4) 뽑습니다 5) 늦출 수 있어요 6) 신입 사원

문법 표현1 ······················· (190쪽)

	-을 때		-ㄹ 때
먹다	먹을 때	주다	줄 때
앉다	앉을 때	쓰다	쓸 때
*듣다	들을 때	말하다	말할 때
*만들다	만들 때	끝나다	끝날 때

문법 표현2 ······················· (192쪽)

	-아/어/해도 돼요		-아/어/해도 돼요
앉다	앉아도 돼요	만들다	만들어도 돼요
받다	받아도 돼요	말하다	말해도 돼요
먹다	먹어도 돼요	*쓰다	써도 돼요
*듣다	들어도 돼요	*부르다	불러도 돼요

읽기

① 다음 글을 읽고 맞으면 O, 틀리면 X 하세요. ······ (194쪽)
Read the following article choose O if correct, choose X if wrong.

1) O ✗
2) O ✗
3) O ✗

② 다음을 읽고 물음에 대답하세요. ·············· (194쪽)
Read the following and answer the questions.

1) 택배를 대신 받아요.
2) ①

14과   대학원을 가게 되었어요.

어휘 연습

① 알맞은 어휘를 연결하세요. ················· (202쪽)
Match the correct vocabulary.

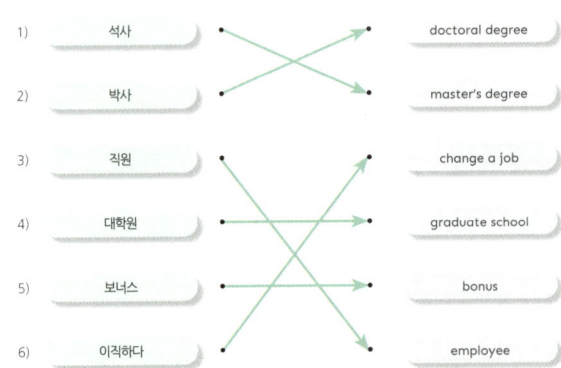

1) 석사 — master's degree
2) 박사 — doctoral degree
3) 직원 — employee
4) 대학원 — graduate school
5) 보너스 — bonus
6) 이직하다 — change a job

② 다음 문장에 알맞은 단어를 쓰세요. ············ (203쪽)
Write the appropriate word for the following sentences.

1) 월급 2) 자기소개서 3) 졸업식
4) 적성 5) 채용하 6) 준비하

문법 표현1 ······················· (204쪽)

	-을 만해요		-ㄹ 만해요
먹다	먹을 만해요	쓰다	쓸 만해요
앉다	앉을 만해요	보다	볼 만해요
*듣다	들을 만해요	사다	살 만해요
*만들다	만들 만해요	사용하다	사용할 만해요

문법 표현2 ······················· (206쪽)

	-게 되다		-게 되다
먹다	먹게 되다	쓰다	쓰게 되다
앉다	앉게 되다	가다	가게 되다
알다	알게 되다	바꾸다	바꾸게 되다
받다	받게 되다	말하다	말하게 되다

읽기

① 다음 글을 읽고 맞으면 O, 틀리면 X 하세요. ········· (208쪽)
Read the following article choose O if correct, choose X if wrong.

1) O
2) O
3) X

② 다음을 읽고 물음에 대답하세요. ·············· (208쪽)
Read the following and answer the questions.

1) 자기소개

2) ②

15과 면접 경험이 없어서 걱정이에요.

어휘 연습

① 알맞은 어휘를 연결하세요. ················ (216쪽)
Match the correct vocabulary.

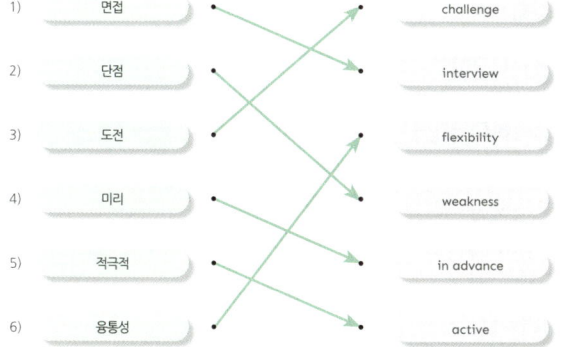

1) 면접 — interview
2) 단점 — weakness
3) 도전 — challenge
4) 미리 — in advance
5) 적극적 — active
6) 융통성 — flexibility

② 다음 문장에 알맞은 단어를 쓰세요. ············ (217쪽)
Write the appropriate word for the following sentences.

1) 열심히   2) 자기소개   3) 디자인
4) 추천서   5) 당연히   6) 벌써

문법 표현1 ···································· (218쪽)

	-아지다		-어지다
많다	많아지다	*춥다	추워지다
괜찮다	괜찮아지다	*귀엽다	귀여워지다
*나쁘다	나빠지다	*예쁘다	예뻐지다

	해지다
시원하다	시원해지다
행복하다	행복해지다
따뜻하다	따뜻해지다

문법 표현2 ···································· (220쪽)

	-기 위해서		-기 위해서
먹다	먹기 위해서	쓰다	쓰기 위해서
앉다	앉기 위해서	달리다	달리기 위해서
살다	살기 위해서	말하다	말하기 위해서
팔다	팔기 위해서	공부하다	공부하기 위해서

읽기

① 다음 글을 읽고 맞으면 O, 틀리면 X 하세요. ········· (222쪽)
Read the following article choose O if correct, choose X if wrong.

1) O
2) X
3) O

② 다음을 읽고 물음에 대답하세요. ·············· (222쪽)
Read the following and answer the questions.

1) 이력서를 쓰는 방법

2) ④

색인
index

ㄱ

가구	furniture	58
가끔	sometimes	44
가르치다	to teach	75
가스비	gas bill	59
가입하다	to join	46
가전제품	electrinics	85
각각	each	128
간단하다	simple	19
(음악, 미술) 감상하다	to appreciate	47
강사	lecture	87
강의계획서	syllabus	33
개강총회	opening semester meeting	30
개막식	opening ceremony	102
개발	development	214
개설하다	to establish	33
개인전	individual	101
개최되다(하다)	to be hosted	100
거실	livingroom	59
걱정하다	to worry	17
검사하다	to examine	102
검사	inspection	116
게임	game	200
게임하다	to play games	47
견해, 의견	opinion	185
결과	result	143
결론	conclusion	143
결정하다	to decide	33
경기	contest	44
경력자	experienced worker	73
경력	working experience	201
경제	economy	152
경험담	story of one's experience	212
경험하다	to experience	73
계산하다	to calculate/pay	75
계속	continuance	144
계약금을 내다	make a down payment	61
계약직	contract worker	213
계정	account	171
계좌 이체하다	do an account transfer	68
고급반	advanced class	87

고려하다	to consider	199
고민하다	to worry	185
고지서	official biling	59, 68
고향	hometown	16
골프	golf	45
공감하다	to sympathise with	187
공격	attack	101
공손하다	to be polite	187
공연	performance	102
공유	share	173
공유하다	to share	129
공장	factory	75
공지	to notice	128
공지 사항	notice	33
공지하다	to announce	31
과 대표	department student representative	31
과목	subject	33
과외하다	to tutor	75
과제	task	129
과티(학과 티셔츠)	class uniform	100
관리비	maintenance cost	59
관리하다	to mannage	102
관심	interest	74
구경하다	to watch	47
구독하다	to subscribe to	170
구직	looking for a job	201
구청	district office	159
국적	nationality	159
그래프	graph	143
그림을 그리다	to draw	47
근로 계약서	employment contract	73
근로 장학생	working for scholarship student	74
근무 환경	working environment	201
근무	work	215
근육통	muscular pain	115
급수	level	59
기능 시험	function exam	88
기록하다	to record	171
기술	skill/technology	89, 212
기침을 하다	to caugh	115
기한	term	184

긴장하다	to be nervous	130
길	way	198
깁스하다	to wear cast	117
깨끗하다	clean	19
꼭	by all means	200
꿈을가지다	to have a dream	199
끄다	to turn off	17
끝내다	to finish	17

ㄴ

나누다	to divide	129
낚시하다	to do fishing	47
남쪽	south	18
낫다	internal department	118
내과	internal department	117
내다	to put	144
내려가다	to go down	131
넣다	to put	170
노래를 부르다	to sing	47
논문	thesis	143
놀이	play	102
농구	basketball	45
농장	farm	75
누르다	to press	157
누르다	to push	172
능동적	proactive	215
능력	ability	214
늦추다	to delay	184

ㄷ

다녀오다	go and come back	16
다양하다	various	19
다행히	luckily	16
단점	weakness	213
단체 톡방	group chatting room	173
단체전	team sport	101
달리기(계주)	running race	101
담당 교수	professor in charge	33
답변	answer	129

답변하다	to answer	187
당연하다	to be fair	187
당연히	naturally	214
대기하다	to wait	117
대리인	agent	159
대학원	graduate school	198
댓글	comments	173
덕분에	thanks to	130
도로 주행 시험	a road test	88
도시 가스를 신청하다	apply for city gas	61
도움	help	142
도움을 청하다	to ask for help	185
도장	stamp	157
도전	challenge	213
동기	same period	31
동아리	club	46
동안	during	16
동영상	video	171
두통	headache	115
뒤풀이	after party	30
들다	to carry	17
들어주다	to acced	187
등록하다	to register	86
등산하다	to go hiking	47
디자인	design	214
따다	to pick	75
따다/취득하다	to get/receive	89
따뜻하다	warm	18
떨어지다	to fall	89
떼다	to take off	116

ㄹ

링거(수액)를 맞다	to get an IV	117
링크	link	144

ㅁ

마감하다	to finish	87, 143
마지막	last	144
만들다	to make	47, 75

맺다	to form	171
먹을거리	things to eat	102
멘토	mentor	185
멘티	mentee	185
면접	interview	72, 213
면접관	interviewer	213
면허증	license	89
모이다	to gather	46
모임	meeting	31
모집하다	to recruit	46, 87
목이 붓다	to have a swollen throat	115
목적	purpose	156
목차	table of contents	143
무료	free	86
문서	document	156
문의하다	to inquire	33
문화 센터	culture center	87
물류센터	logistics center	75

ㅂ

바꾸다(변경하다)	to change	32
박사	doctoral degree	119
박수를 치다	to applaud	131
발급하다/발급 받다	to issue	89, 159
발표자	presenter	131
방	room	59
방문	visit	159
배경 음악	background music	171
배구	volleyball	45
배달하다	to deliver	75
배드민턴	badminton	45
번역하다	to translate	74
별점	star review	173
보고서	report	142, 143
보너스	bonus	73, 201
보조하다	to assist	75
보증금	deposit	58
보통	usually	198
보험	insurance	116
복잡하다	complicated	19, 102

복통	stomachache	115
본인	self	156
볼거리	things to see	102
볼링	bowling	45
봉사하다	to volunteer	159
부동산	real-estate agency	58
부동산 중개료를 내다	pay a real estate brokerage fee	61
부동산에 가다	go to real estate	61
부럽다	to be envy	172
부서	department	214
부엌(주방)	kichen	59
부탁하다	to request	185
부회장	vice chairman	31
분류하다	to sort	75
분석하다	analyze	143
불꽃축제	fire festival	102
불필요하다	unnecessary	19
블로그	blog	173
비밀번호	password	157
비슷하다	similar	19
빌리다	to borrow	17
뽑다	to select	31, 186
뽑다	to pull	75

ㅅ

사물함	locker	86
사용하다	to use	172
사진을 찍다	to take a picture	47
사회자	host	102
삭제하다	to delete	173
상담	consultation	184
상담사	counselor	185
상품	product	100
새 학기	new semester	30
생리통	menstrual pain	115
생활비	the cost of living	156
서류	documents	116
서빙하다	to serve	75
석사	master's degree	199
선배	senior	31, 212

선수	athlete	44
선착순	in order	87
설거지하다	to wash the dishes	75
설명서	instructions	158
설명하다	to explain	157
설문 조사	survey	142
설정하다	to explain	171
섭외하다	to contact/cast	102
성격	personality	213
성공하다	to be succeed	199
성과	result	215
성적	grade	145
성적표	report card	145
세제	cleanser	60
소감	thoughts	131
소개하다	to introduce	17
소셜미디어	SNS(Social Network Service)	173
소통	communication	187
소통하다	to communicate	187
손님	guest	633
수강 정원	taking classes	33
수강 정정 기간	class correction period	32
수강료	tuition	87
수강생	attendee	87
수도	capital	18
수도료	water bill	59
수료	complete a course of study	145
수비	defence	101
수영	swimming	45
수집하다/모으다	to collect	47
쉽다	to be easy	19
스노보드	snowboard	45
스케이트	skate	45
스케쥴	schedule	129
스키	skii	45
스포츠 센터	sports center	86, 87
슬라이드	slide	131
시간표	schedule	33
시급	hourly wage	73
시작하다	to start	17
시청	city hall	159

시청하다	to watch	171
시험	exam	143
식당	eating place	75
식전	before a meal	115
식후	before a meal	115
신고	declaration	158
신뢰	trust	215
신입 사원	new recruit	186
신입	newcomer	201
신중하다	to be careful	33
신청서	application form	46
실기시험	practical exam	89
실시간	real time	171
실패하다	to fail	199
심다	to plant	75
심부름하다	to do an errand	75
심심하다	boring	19
심판	judgment	101

ㅇ

아르바이트	part-time job	72
안과	ophthalmology	117
안내하다	to guide	75, 157, 159
안전하다	safe	102
안전성	stability	215
알람	alarm	171
알려 주다	let know	32
알아보다	to investigate	200
알약	pill	117
앞에 나가다	go up front	131
앞으로	in the future	200
야구	baseball	45
약속하다	to promise	17
어금니	molar	124
어렵다	to be difficult	19
업로드하다	to upload	170
역사 유적지	historic site	18
역할	role	128
연고를 바르다	to apply a salve	117
연기하다	to act	129

한국어	English	Page
연락하다	to contact	32
연봉	annyal salary	201
연수 받다	to receive training	89
(악기) 연주하다	to play an instrument	47
열심히	diligently	214
열이 나다	to have a fever	115
열정	pussion	213
열정적	passionate	215
영상	video	170
영수증	receipt	116
영화관,백화점,쇼핑몰	cinema, department store, shopping mall	75
예를 들면	for example	198
예매하다	to purchase in advance	17
예방하다	to prevent	124
예상하다	to forecast	129
예약하다	make a reservation	17
예의가 있다	to be well-mannered	187
예전	past	86
예정	schedule	128
오랜만이다	being after a long time	16
올리다	to raise	129, 172
올림	sincerely yours	186
옮기다	to move	75
옷차림	attired appearance	212
외국어	foreign language	88
외국인 등록증	certificate of alien registration	156, 159
외부	outside	102
요리하다	to cook	75
요약하다	to summarise	131, 184
요청하다	to request	187
우대	preferential conditions	73
운영하다	to manage	87
운전면허증을 따다	to get driver license	88
월급	salary	201
월세	monthly rent	58
유명하다	famous	19
유의 사항	note	33
유학	study abroad	156
융통성	flexibility	215
응답하다	to respond	187
응원하다	to cheer	101

한국어	English	Page
의견을 밝히다	to express the opinion	185
의료비	medical expenses	116
이가 썩다	to have a decaying tooth	124
이기다/승리하다	to win	101
이따가	a little laterr	130
이력서	CV	72
이사하다/이사가다	to move	61
이삿짐 업체를 예약하다	make a reservation for a moving company	61
이삿짐을 싸다	pack up one's moving stuff	61
이상	more than	142
이수하다	to complete of a course of study	145
이용하다	to use	86
이직하다	change a job	201
이체하다	make a transfer	157
이틀	two days	114
이해하다	to understand	17
인기글	trending news	171
인기	popularity	172
인도네시아	Indonesia	44
인정하다	to recognise	89
인증하다	to certify	89
인출하다	to draw out	157
일정	schedule	30
일하다	to work	74
임대인(집주인)	lessor	59
임대차 계약서	a lease agreement	158
임차인(세입자)	tenant	59
입금하다	to deposit	157
입력	input	157
입문반	to enter	87
입사하다	to enter a company	201
입학하다	to enter a school	145
잇몸	gum	124

ㅈ

한국어	English	Page
자격증	certificate	89
자기 개발	self-development	89
자기소개서	self-introduction	201
자동	automatic operation	170
자료	material	129

자막	subtitles	170
자신감을 가지다	to be confident	131
자연스럽다	natural	131
자전거	bicycle	45
자주	often	44
작성하다	to fill in	156
잔금을 치르다	pay the balance	61
잡다	to catch	17
장기자랑	talent show	101
장점	strength	213
장학금	scholarship	74
재수강	course repetition	33
재채기가 나오다	to sneeze	115
재학생	enrolled student	31
재학증명서	certificate of registration	145
적극적	active	215
적성	aptitude	201
적응하다	to adapt	31
전공	major	33, 72
전기세	electricity bill	59
전달하다	to deliver	131
전망	view	200
전세	lease on a deposit basis	59
전시회	exhibition	46
전염되다	to be contagiuos	124
전입	moving in	159
전출	moving out	159
점수	score	101, 130
접수하다	to receive	87, 117
정규직	being regular	213
정리하다	to arrange	75
정중하다	to be polite	187
정하다	to decide	128
정형외과	orthopaedics	117
제작하다	to produce	171
제출하다	to submit	130
조건	condition	73
조교	assistant	32
조립하다	to assemble	75
조언하다	to advise	185
조원	team member	128
조회 수	amount of views	170
졸업식	graduation ceremony	199
졸업장	diploma	145
졸업하다	to graduate	145
주로	mostly	198
주민 센터	community service center	159
주민 센터(행정복지센터)에서 전입 신고하다	report a move-in at a community center	61
주사를 맞다	to have an injection	117
주식	stock	152
주장	assert	185
주점	bar	102
주제	theme	128
준비하다	to prepare	60, 199
줄다리기	tug of war	101
줄임말	abbreviation	100
중급반	intermediate class	87
중요하다	important	16
즐기다	to enjoy	102
즐길거리	things to enjoy	102
증상	symptom	114
지다/패하다	to loose	101
지도자	instructor	89
지도하다	to instruct	87
지원자	applicant	213
지원하다	to apply	185, 212
직원	employee	201
진단하다	to diagnose	117
진로	career	198
진료내역서	a medical statement	116
질문	question	129
짐을 정리하다	organize one's luggage	61
집들이	housewarming party	60
집을 계약하다	contract a house	61
집을 구하다/찾다/보다	look for a house	61
찍다	to stamp/print	172

ㅊ

차례	turn	130
참고 문헌	reference	143

참고하다	to refer to	131
참석하다	to attend	30
참여하다	to take part	129
창문	window	59
창의적	creative	215
찾다	to find	17
채널	channel	173
채용박람회	job fair	201
채용하다	to recruit	201
책을 읽다/독서하다	to read a book	47
책임감	responsibility	215
처방전	prescription	114
첨부하다	to attach	173
청구하다	to claim	116
청소하다	to clean	75
청중	audience	131
체류지 변경 신고	notification of changing place of stay	158
초급반	beginner class	87
초대하다	invite	60
초보자	beginner	73
초청하다	to invite	102
추천서	recommendation letter	186
추천서	recommendation letter	214
축구	football	45
축제	festival	102
출결	student's attendance	145
출근하다	go to work	73
춤을 추다	to dance	47
충치	tooth cavity	117
취미	hobby	44
취소	cancellation	157
취소하다	to cancel	33
취직	getting a job	200
치과	dentistry	117
치다	to hit	45
치료비 예약(하다)	to make reservation for medical treatment	116
치통	toothache	115
친절하다	kind	19
친해지다	to became intimate	31

ㅋ

캐다	to dig up	75
켜다	to turn on	17
콧물	runny nose	114
콧물이 나오다	to have a runny nose	115
(나무, 동물) 키우다	to grow	47

ㅌ

타다	to ride	45
탁구	table tennis	45
테니스	tennis	45
토픽	TOPIK(test of proficiency in korean)	72
통계	estimation	143
통역하다	to interpret	74
통장	bank book	156
통장 정리	bank account arrangement	157
퇴근하다	to leave work	73
특강	special lecture	212
팀	team	214

ㅍ

판매하다	to sell	75
팔로우	follower	173
편의점	convenient store	75
편집	to addit	170
편하다	comfortable	19
편하다	comfortable	58
평가하다	to estimate	89
평가하다	to evaluate	145
평균	average	145
포함하다	to include	73
표시하다	to indicate	171
표지	cover	143
프로그램	program	87
피곤하다	tired	19
피구	dodge ball	101
피드백	feedback	129
필기시험	written exam	89
필기시험	written test	212
필요하다	to need	19

ㅎ

하노이	Hanoi	18
하다	to do	45
학과 시험(필기시험)	written exam	88
학과 점퍼(과잠)	a department jumper	31
학교	school	75
학력	academicbackground	213
학번	student number	31
학사	bachelor degree	199
학사 일정	academic calendar	33
학생회	student's association	102
학원	cram school	75, 88
학위	academic degree	199
학점	credit	145
학회장	president of the faculty	31
합격하다/통과하다	to pass	89
합격하다/통과하다	to pass successfully	212
항상	always	44
해결 방법	solution	184
해결하다	to solve	185
해시태그	hashtag	173
허락하다	to approve	32
헬스장	gym	86
현관	entrance	59
협동하다	to cooperate	101
협동하다	cooperation	215
협력	cooperation	213
호수	lake	18
호텔경영학	hotel management program	72
혼자	by oneself	44
화장실	restroom	59
화장지	toilet paper	60
확인하다	to check	33
환경	environment	215
환영회	welcome party	31
활동하다	to act/work	46
회비	membership fee	30
효과적이다	to be effective	187
후배	junior	31
휴식 시간(휴게 시간)	break time	73
휴일	weekend	73

#

-아/어/여서 그런지	maybe because	102
~ 이내	within	142
~(이)나	or	60
~부터 …까지	~ from ... until	32
~와/과 관련하여	to be related ~	186
DM	direct message	173
M.T	membership training	31
PPT	PowerPoint	130
QR코드	QR code	144
SNS	Social Network Service	172

출처 표기
Mark the Source

[Freepik]
kr.freepik.com

제1과   14쪽; 17쪽; 19쪽;
제2과   28쪽;
제3과   42쪽; 45쪽; 47쪽; 55쪽;
제4과   56쪽;
제5과   70쪽;
제6과   84쪽; 97쪽;
제7과   98쪽;
제8과   112쪽; 115쪽;
제9과   126쪽;
제10과 140쪽;
제12과 168쪽;
제13과 182쪽;
제14과 196쪽;
제15과 210쪽;

[Photo AC]
www.photo-ac.com

제11과   154쪽

교양 한국어 ❷

기획	랑스 주식회사 (랑스코리아)
지은이	조윤경, 김장식, 류승의

초판 1쇄 인쇄	2024년 08월 26일
초판 1쇄 발행	2024년 08월 26일
	ISBN 979-11-988939-2-5
	ISBN 979-11-984320-2-5 (세트)
	Copyright. 2023. 랑스 주식회사
	이 책의 저작권은 랑스 주식회사에 있습니다. 저작권자의 허락 없이 내용의 일부를 인용하거나 발췌하는 것을 금합니다.
출판	랑스 주식회사 (48082) 부산광역시 해운대구 좌동로 67, 2층 전화 I +82-51-965-1000 전송 I +82-50-4202-5193 전자우편 I info@langscorp.com 홈페이지 I www.langskorea.co.kr (영어) 　　　　 www.langskorea.com (일본어)
	총괄 I 박시영 일러스트 I 정세빈 편집/디자인 I 박상아, 정세빈 목소리 녹음 I 임성수, 김선현

* 잘못된 책은 구입하신 서점 및 기관에서 교환해 드립니다.
* 정가는 표지에 표기되어 있습니다.